Selbst Parkett, Holz- und Laminatböden verlegen

Text: Andreas Ehrmantraut
Titelabbildungen: HARO – Die Parkettmarke
Gestaltung: Ingeborg Cisse
Umschlaggestaltung: Hartmut Baier

ISBN-13: 978-3-8174-5121-0
ISBN-10: 3-8174-5121-0
5651211

Auf einen Blick

Holzböden: wohngesund und langlebig

Es gibt eine Reihe guter Gründe, sich für einen Bodenbelag aus Holz zu entscheiden. Holzböden sind ökologisch und gesundheitlich unbedenklich und sie erfüllen nahezu perfekt alle Anforderungen an einen hochwertigen Bodenbelag für Wohnbereiche.

Holzböden sind fußwarm, trittelastisch und dank ihrer versiegelten Oberfläche auch hygienisch und pflegeleicht. Darüber hinaus sind sie sehr langlebig und damit trotz der etwas höheren Anschaffungskosten auch wirtschaftlich. Ein gut gepflegter Parkett- oder Dielenboden hält ein gesamtes Hausleben lang. Außerdem bieten Holzböden eine Vielzahl gestalterischer Möglichkeiten. Ihre lebendige Oberfläche sorgt dabei stets für eine warme und wohnliche Atmosphäre und eine Umgebung zum Wohlfühlen.

Klassische Holzböden

Zu den klassischen Holzböden zählen die **Massivholzdielen**, die in der Regel auf Lagerhölzer geschraubt oder genagelt werden. Sie waren über Jahrzehnte der Standardbodenbelag überhaupt. Erst mit dem Aufkommen der Stahlbetondecken mit schwimmendem Estrich verloren sie etwas an Bedeutung. Der ebene Untergrund ermöglichte die Direktverlegung von preiswerteren Bodenbelägen wie beispielsweise PVC und Teppichboden.

Der zweite klassische Holzbodenbelag ist das **Parkett**, das aus vielen einzelnen Stäben oder Tafeln zusammengesetzt ist und vollflächig auf einen ebenen Untergrund aufgeklebt wird. Aufgrund der wesentlich aufwändigeren Herstellung und Verlegung der Parkettelemente ist dieser Bodenbelag vor allem in repräsentativen Wohnbereichen zu finden.

Beide Holzbodenbeläge müssen nach dem Verlegen geschliffen und mit speziellen Anstrichmitteln versiegelt werden. Für diese anspruchsvollen Arbeiten sind Erfahrung und einiges handwerkliche Geschick erforderlich.

Fertigparkett

Fertigparkett muss weder geschliffen noch versiegelt werden. Die exakte Maßhaltigkeit der einzelnen Nut-und-Feder-Elemente gewährleistet eine so ebene Oberfläche, dass die Versiegelung ab Werk aufgebracht werden kann. Kein Wunder, dass der Holzbodenmarkt mit dem Aufkommen des Fertigparketts einen regelrechten Boom erlebte. Zudem wurde durch das neue Herstellungsverfahren ein weiteres Grundproblem bei der Verwendung von Holzböden weitgehend beseitigt: der „Bewegungsdrang" des natürlichen Werkstoffs.

Zwar werden **Fertigparkettstäbe** oder -dielen auch in traditioneller massiver Ausführung angeboten, weit häufiger aber als mehrschichtig aufgebaute Elemente, bei denen nur die mindestens 2 mm dicke Deckschicht aus einem hochwertigen Parketthölz besteht. Der Schichtenaufbau vermindert die natürliche Neigung des Holzes zum Verziehen, Schüsseln oder Schwinden erheblich. Aus diesem Grund kann Fertigparkett meist auch schwimmend verlegt werden, das heißt ohne feste Verbindung zum Untergrund oder zu angrenzenden Bauteilen. Diese Vereinfachung der Verlegearbeit macht diesen Bodenbelag vor allem für Heimwerker interessant.

Heute gibt es eine Reihe weiterer Bodenbeläge, die in Aufbau und Verarbeitung dem Fertigparkett gleichen und nur eine andere Deckschicht besitzen. Dazu zählen das **Korkparkett** und der **Laminatboden**, bei dem anstelle der Echtholzauflage ein mittels Kunstharzen aufkaschiertes Dekorpapier die Deckschicht bildet.

Bauliche Voraussetzungen

1

2

3

1 Fertig versiegelte Dielenbretter werden wie klassische Dielen auf Lagerhölzer oder Holzwerkstoffplatten geschraubt oder genagelt.

2–3 Bei Fertigparkett müssen in der Regel nur die einzelnen Fertigparkettelemente in den Nut-Feder-Verbindungen verleimt werden. Beide Verlegearten sind von einem etwas geübten Heimwerker problemlos zu bewältigen.

Für welchen Bodenbelag und welche Verlegetechnik Sie sich letztlich entscheiden, hängt natürlich zunächst einmal von gestalterischen Aspekten ab. Allerdings gibt es bauliche Voraussetzungen, die für eine bestimmte Belagsart bzw. Verlegetechnik sprechen können.

4 Die Verlegung von Massivholzdielen ist bei der Renovierung von Altbauten und beim Dachausbau mitunter das einfachste Verfahren. Der Ausgleich der häufig nicht sehr ebenen Untergründe kann relativ einfach und preiswert durch das **Nivellieren mittels Lagerhölzern** erfolgen.

Einen Standardaufbau für Dielenböden auf Holzbalkendecken zeigt die Grafik auf S. 7. Die flächige Zwischenlage aus Holzwerkstoffplatten erleichtert die Schallentkopplung des Oberbodenaufbaus. Bei der Verlegung auf Lagerhölzern ergibt sich natürlich ein relativ hoher Gesamtaufbau: Bei niedrigen Räumen – etwa beim Dachausbau – oder bei großen Höhenunterschieden zu angrenzenden Bodenbelägen ist ein Fertigparkett- oder Laminatboden die bessere Wahl.

5 Auch beim Neubau kann die rechtzeitige Entscheidung für einen Dielenboden erhebliche Zeit- und Kostenvorteile bringen. Denn Dielenböden benötigen keinen Estrich. Sie können direkt auf der Rohbetondecke verlegt werden. Neben der Kostenreduzierung entfällt so auch die lange Trocknungszeit des Estrichs.

Fertigparkett, Laminat & Co. bieten bei Modernisierung und Renovierung zum einen den bereits erwähnten Vorteil einer geringen Aufbauhöhe. Die einzelnen Elemente sind meist zwischen 8 und 15 mm dick und werden auf einer nur etwa 2 mm dicken **Zwischenlage** (Wellpappe, Filz o. Ä.) verlegt. Außerdem können die Elemente nicht nur auf Estrich oder Trockenunterböden verlegt werden, sondern auch direkt auf den meisten Altbelägen, wie auf Stein- und Fliesenböden, Linoleum und PVC, Nadelvlies und Teppichböden sowie auf bestehenden Dielenböden – einen ebenen Unterboden immer vorausgesetzt.

In jedem Fall muss der Verlegeuntergrund trocken sein und darf keinerlei **Schädlingsbefall** aufweisen. Die Holzfeuchte der Balken, Unterböden oder Lagerhölzer darf maximal 12 Prozent betragen. Auch Massivdecken und Estriche müssen vor dem Verlegen vollständig ausgetrocknet sein. Soll der Holzboden im Souterrain oder auf der erdberührenden Erdgeschossplatte verlegt werden, muss eine Abdichtung gegen aufsteigendes Wasser vorhanden sein.

Für die schwimmende Verlegung und die Verklebung muss der Verlegeuntergrund mindestens die **DIN für Estriche** erfüllen: 4, besser 2 mm Höhenabweichung auf 1 m (bzw. 10 mm auf 4 m) sind erlaubt.

Für die Verklebung muss zusätzlich die Festigkeit des Untergrunds geprüft werden. Er darf nicht absanden und keine Spannungs- oder Setzrisse aufweisen.

Da Holz- und Laminatböden selbst wenig zur Luft- und Trittschalldämmung beitragen, muss eine ausreichende Schalldämmung durch den Gesamtaufbau der Decke gewährleistet werden. Bei Massivdecken kann dies durch Einbringen eines schwimmenden Estrichs oder eines Trockenbodenaufbaus geschehen. Lagerhölzer werden beidseitig mit einer Zwischenlage aus Filz, Kork oder Ähnlichem versehen und nicht fest mit dem Untergrund verbunden.

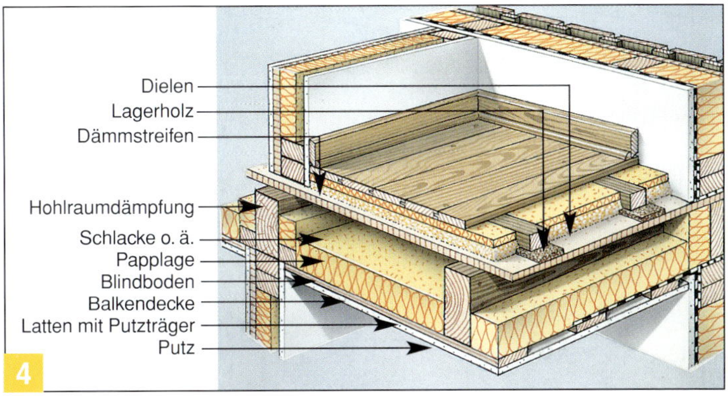

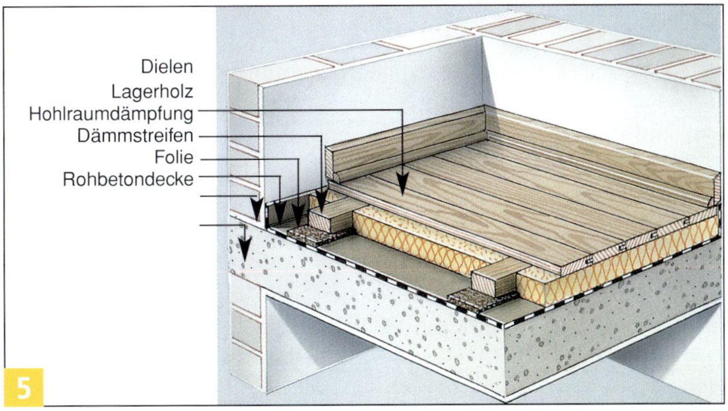

Behaglich und fußwarm: Holzböden

Klassisches Parkett und Fertigparkett

Buchenparkett im Fischgrätmuster verlegt

1

2

4

3

5

Parkettböden

Nach DIN 280 gibt es verschiedene Parkettbeläge – neben dem Fertigparkett (vgl. S. 17) werden drei klassische Parkettarten unterschieden. Gemeinsam ist diesen vor allem, dass sie nach dem Verlegen noch geschliffen und oberflächenbehandelt werden müssen.

1 **Stabparkett** kann aus umlaufend genuteten Stäben bestehen, die beim Verlegen mit Federn verbunden werden. Sind die Parkettelemente mit Nut und Feder ausgeführt, spricht man von Riemen. Abmessungen: ca. 22 mm dick, 45 bis 80 mm breit, 250 bis 1.000 mm lang.

2 Tafeln für **Tafelparkett** gibt es in verschiedenen Formen und Abmessungen, auch aus mehreren Hölzern verleimt oder mit mehrschichtigem Aufbau. Sie sind rundum genutet oder mit Nut und Feder versehen.

3 **Mosaikparkett** besteht aus kleinen Lamellen, deren Seiten ringsum glatt bearbeitet sind. Abmessungen: ca. 8 mm dick, bis 25 mm breit und bis 165 mm lang.

Die oben genannten Parkettarten sind mitunter auch zu größeren Verlegeeinheiten zusammengesetzt erhältlich – als Parkettplatten oder -dielen. Diese gibt es in massiver Form, aber auch als Mehrschichtparkett, bei dem eine mindestens 5 mm dicke Decklage aus Parkettholz auf eine Unterlage aufgeleimt ist.

4 Ein sehr robuster Holzboden, der auch in Werkhallen oder im Objektbereich häufig eingesetzt wird, ist das **Hochkantlamellenparkett** (auch Mehrzweckparkett genannt).

5 Noch robuster ist das **Holzpflaster**. Es besteht aus rechteckigen Klötzen, die man mit der Hirnholzseite nach oben verlegt. Hier ist es als Fertigparkett aufgeleimt.

In der DIN 280/1 werden Parkettstäbe und -riemen hinsichtlich des Oberflächenbilds in verschiedene Sortierungen unterteilt. Dabei geht es nicht um eine qualitative Einordnung, sondern um eine Klassifizierung nach optischen Gesichtspunkten. Da Eiche die gebräuchlichste Holzart ist, wird

6

8

7

9

die Sortierung hier am Beispiel Eiche verdeutlicht.

Eiche-Natur (Ei-N): Eine riss- und splintfreie Oberfläche, fest verwachsene Äste bis 8 mm Ø, Farbe und Maserung ohne betonte Struktur- und Farbunterschiede.

Eiche-Gestreift (Ei-G): Etwas stärkere Struktur- und Farbunterschiede, fest verwachsene Äste bis 10 mm Ø sind zulässig.

Eiche-Rustikal (Ei-R): Zulässig sind fest verwachsene Äste bis 15 mm Ø, die Oberfläche zeigt ein sehr lebhaftes Erscheinungsbild mit betonten Farben.

Die Sortierung anderer Holzarten lehnt sich an diese Sortierung an. Auch die Mosaikparkettlamellen gibt es in den Sortierungen Eiche-Natur (N), Eiche-Gestreift (G) und Eiche-Rustikal (R), die den oben für Parkettstäbe dargestellten Sortierungen entsprechen.

Für Buche, Kiefer und andere Nadelhölzer sind die Sortierungen „natur" und „rustikal" genormt. Vielfach verwenden die Hersteller aber auch eigene Sortierungskennzeichnungen.

Die einzelnen Parkettarten können unterschiedlich verlegt werden. Gebräuchlich für Stabparkett sind das **Fischgrätmuster (6)**, der **regelmäßige Verband (7 und 8)** und der **Würfelboden**. Mosaikparkett wird in der Regel als Würfelboden – gerade oder diagonal – verlegt. Für besondere Ansprüche gibt es auch Friese und Intarsien **(9)**.

PROFITIPP

Neben einheimischen Holzarten werden auch Bodenbeläge aus exotischen Hölzern wie etwa Merbau angeboten. Der vor einiger Zeit propagierte Boykott von Tropenholz trägt – wie man inzwischen weiß – wenig zur Erhaltung der Regenwälder bei, denn unverkäufliches und damit wertloses Holz wird von der einheimischen Bevölkerung brandgerodet. Am ehesten kann man Einfluss auf die Art der Bewirtschaftung und des Abbaus nehmen, wenn man bei der Entscheidung darauf achtet, nur Tropenholzprodukte – z. B. Bodenbeläge – aus einer kontrolliert nachhaltigen Bewirtschaftung zu erwerben.

1

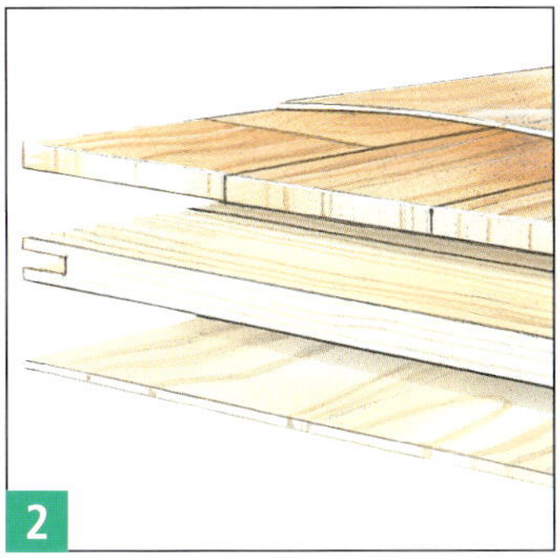
2

3

4

Fertigparkett

Als Fertigparkett bezeichnet man Bodenbeläge mit Holzoberfläche, die bereits ab Werk **oberflächenversiegelt** geliefert werden. Sie müssen nach dem Verlegen weder geschliffen noch mit Lacken, Ölen oder Wachsen behandelt werden. Damit entfallen zwei zeitaufwändige und anspruchsvolle Arbeitsschritte. Die **einfache Verarbeitung** macht Fertigparkett zu einem gerade für Heimwerker interessanten Produkt. Da das Schleifen zudem mit einer erheblichen Staubentwicklung verbunden ist, bietet Fertigparkett bei Renovierungen in bewohnten Räumen entscheidende Vorteile.

Fast immer sind die Fertigparkettelemente umlaufend mit Nut und Feder ausgestattet, sodass beim Verlegen der Einzelelemente ein fester, höhengleicher Verbund entsteht. Fertigparkett kann entweder ganz aus massivem Holz bestehen, aber auch aus einer Verbindung von Hölzern, Holzwerkstoffen oder anderen Werkstoffen.

1 Es gibt Fertigparkettarten, die wie Dielenböden durch Vernageln, Verschrauben oder Verkleben fest mit dem Untergrund verbunden werden müssen, wie beispielsweise dieses zweischichtige Fertigparkett.

2 Meist wird Fertigparkett jedoch schwimmend verlegt, das heißt als fest zusammengefügte Fläche ohne Verbindung mit dem Untergrund oder angrenzenden Bauteilen.

Das gilt vor allem für Fertigparkettelemente, die meist aus drei Schichten bestehen, wobei die Deckschicht in jedem Fall ein Parkettholz sein muss, während beim Unterbau auch andere Werkstoffe Verwendung finden können.

3 Massives Fertigparkett, das sich für eine schwimmende Verlegung eignet, muss aus sorgfältig ausgewähltem und getrocknetem Holz bestehen. Häufig muss es mit Hilfe von Metallklammern verbunden werden. Es kann öfter aufgearbeitet werden.

4 Der Vorteil mehrschichtiger Holzböden liegt zum einen in der preiswerteren Herstellung – nur die dünne Deckschicht besteht hier aus edlem Holz –, zum andern sind sie durch die Schichtverleimung in jeder Richtung relativ formstabil, sodass eine feste Verbindung mit dem Untergrund nicht erforderlich ist. Mehrschichtig aufgebautes Fertigparkett gibt es in verschiedenen Varianten. Häufig besteht die Mittellage aus Holzstäben, die quer zum Faserverlauf der Deckschicht liegen. So wirken sie dem Bewegungsdrang der Deckschicht entgegen und sorgen für hohe Formstabilität selbst bei ungünstigen Bedingungen.

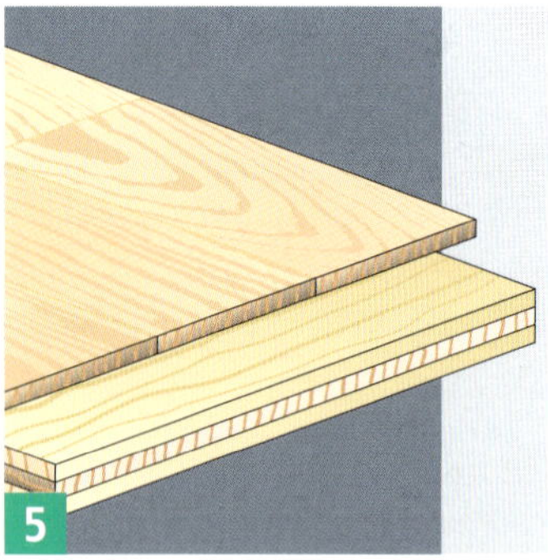
5

7

8

6

9

Achten Sie darauf, dass die Massivholzstäbe im Querschnitt stehende Jahresringe zeigen. So gewährleisten sie eine hohe Druckfestigkeit des Aufbaus. Nut und Feder sind in dieser Schicht angefräst. Die unterste Lage besteht meistens aus einem Weichholzfurnier, das als Gegenzugelement wiederum rechtwinklig zum Faserverlauf der Stäbchen angeleimt wird.

5 Bei anderen Fertigparkettelementen besteht die Mittellage aus Sperrholz oder anderen Holzwerkstoffplatten, die eine ähnlich stabilisierende Wirkung haben. Hochverdichtete Holzfaserplatten beispielsweise ermöglichen eine besonders geringe Gesamtdicke des Elements (ab 7 mm). Bei einem nach DIN 280/5 hergestellten Fertigparkett muss die Deckschicht aus Parkettholz mindestens 2 mm dick sein. Auch bei Fertigparkett gibt es eine genormte Sortierungskennzeichnung, die hier wieder an der Holzart Eiche erläutert wird:

Eiche XXX (EI XXX): Riss- und splintfreie Oberfläche, Äste nur bis 2 mm Ø, keine groben Struktur- und Farbunterschiede.

Eiche XX (EI XX): Rissfreie Oberfläche, Äste bis 2 mm Ø, Oberflächenbild kann durch Splint und lebhafte Struktur bestimmt sein.

Eiche X (EI X): Rissfreie Oberfläche, Äste, betonte Holzfarben und lebhafte Struktur bestimmen das Oberflächenbild.

Die meisten Hersteller haben allerdings hauseigene Prüfkriterien und Bezeichnungen für die Sortierung entwickelt. Wie sehr das Oberflächenbild einer Holzart durch die Sortierung beinflusst wird, zeigen die Beispiele aus dem Programm eines namhaften Herstellers oben: Eiche Sinfonie (**6**), Eiche Harmonie (**7**), Eiche Astig (**8**) und Eiche Classic (**9**).

Sonstige Holzböden

1

2

3

Korkparkett

1 Wie der Name schon nahe legt, kann Korkparkett nur im weiteren Sinne zu den Holzböden gezählt werden – Kork ist die Rinde der Korkeiche. Da Korkparkett jedoch in Aufbau und Verarbeitung einem mehrschichtigen Fertigparkettboden gleicht, findet es auch in diesem Kontext Erwähnung. Korkparkett besteht meist aus einer mit Nut und Feder versehenen Holzfaserplatte (MDF oder HDF), auf die ein Korkfurnier oder eine Korkschrotplatte aufgeleimt ist. Diese ist genau wie Fertigparkett versiegelt und bedarf nach dem Verlegen keiner weiteren Behandlung. Korkböden sind weniger feuchteempfindlich und zudem fußwärmer als Holzböden. Sie bieten eine bessere Schalldämmung und höhere Elastizität. Manche Korkböden können sogar mittels Abschleifen renoviert werden. Korkparkett gibt es auch in vielen farbigen Ausführungen.

Landhausdielen

2 Nach der DIN sind auch die so genannten Landhausdielen eigentlich Fertigparkettelemente. In verlegtem Zustand gleichen sie den Massivholzdielen, da die Nutzschicht der langen, dielenförmigen Elemente aus einem Stück Holz besteht. Allerdings besitzen sie einen meist dreischichtigen Aufbau und können grundsätzlich schwimmend verlegt werden.

Hobeldielen

Der traditionelle Bodenbelag früherer Zeiten ist der Dielenboden. Die Dielen wurden einfach auf die Balken der Holzbalkendecken genagelt und stellten so einen preiswerten, schnell zu verlegenden Oberbelag dar. Mit dem Aufkommen massiver Betondecken mit Estrich kamen Dielen vorübergehend etwas aus der Mode. Heute erleben Dielenböden eine regelrechte Renaissance. Die

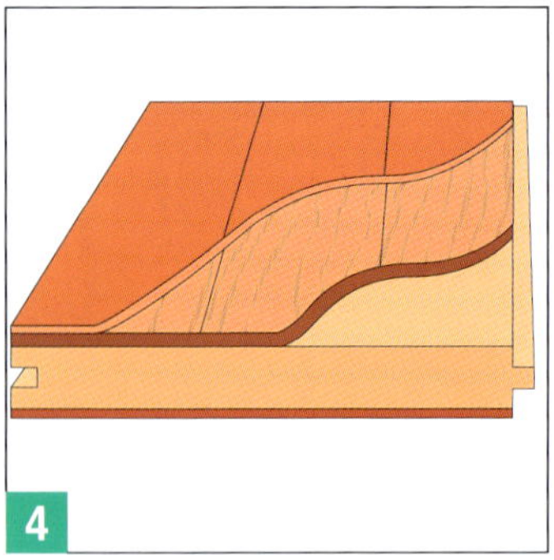
4

5

6

Hobeldielen sind selbsttragend und bieten deshalb nach wie vor dort Vorteile, wo kein ebener Untergrund in Form eines schwimmenden Estrichs vorhanden ist. Dielen werden auf Lagerhölzern oder auf flächigen Unterböden aus Holzwerkstoffplatten vernagelt oder verschraubt.

3 Nach DIN 4072 sind Hobeldielen gespundete (mit Nut und Feder auf den Längsseiten versehene) Bretter. Hochwertige Dielen sind in der Regel auch an den Kopfseiten mit Nut bzw. Feder ausgestattet. Meistens bestehen Dielen aus Nadelhölzern, wie Fichte, Tanne, Kiefer, Lärche, Douglasie – es sind jedoch auch andere Holzarten erhältlich. Die handelsüblichen Maße: 19,5 bis 35,5 mm Dicke, 95 bis 180 mm Breite (Deckmaß ohne Feder), 1.500 bis 6.000 mm Länge.

Die Holzfeuchte von Dielen sollte bei der Verlegung zwischen 10 und maximal 14 Prozent liegen – das gleiche gilt gegebenenfalls für die verwendeten Lagerhölzer.

Sonstige Fertigholzböden

4 Es gibt so genannte Fertigholzböden, die trotz der Endversiegelung nicht der DIN für Fertigparkett entsprechen, da die Deckschicht dünner als 2 mm ist. Das bedeutet nicht unbedingt, dass diese Produkte qualitativ schlechter zu bewerten sind. Da sie jedoch nicht mehr aufgearbeitet werden können, müssen diese oft deutlich preiswerteren Produkte mit besonders robusten und strapazierfähigen Versiegelungen ausgestattet sein. Aufgrund der meist geringen Aufbauhöhe (ab 7 mm) eignen sich solche Beläge auch sehr gut für Renovierungen. Sie können meist auf bereits bestehenden Belägen verlegt und mit Anpassungsprofilen an die angrenzenden Beläge angeschlossen werden.

OSB-Bodenbelag

5 OSB-Platten („Oriented Strand Board") werden aus relativ groben Spänen verpresst und verleimt, wobei die Späne an der Oberfläche in eine Richtung orientiert sind. Dadurch ergibt sich ein attraktives Oberflächenbild, das gerade als Bodenbelag eine interessante und ungewöhnliche Optik bietet.

Ursprünglich wurden die Platten für konstruktive Zwecke entwickelt, da sie bessere statische Eigenschaften als normale Spanplatten aufweisen. Aufgrund ihres interessanten Oberflächenbilds werden OSB-Platten aber bereits seit langem auch für Sichtflächen im Objekt- und Messebereich eingesetzt. Die Verwendung als Oberboden für den Wohn- und Hobby-Bereich ist allerdings noch relativ neu. Die Platten haben umlaufend Nut und Feder und werden wie Fertigparkett schwimmend verlegt.

6 OSB-Platten werden wohnfertig versiegelt bzw. geölt angeboten, aber auch unbehandelt zur nachträglichen Versiegelung. Interessante Effekte lassen sich durch die farbige Gestaltung der Oberfläche erzielen.

Laminatboden

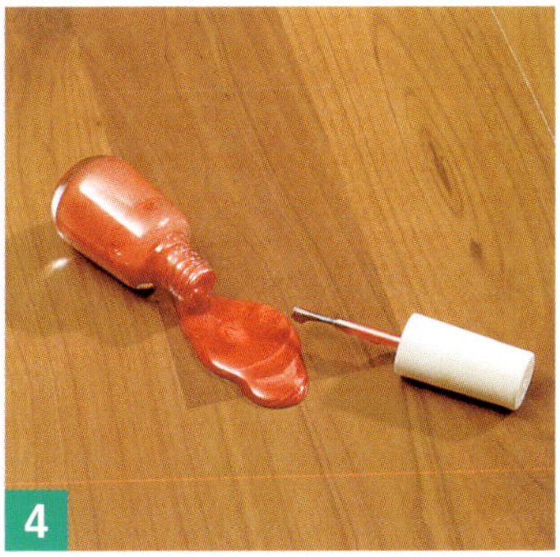

Laminatböden bestehen wie Fertigparkett aus Nut-und-Feder-Elementen, die schwimmend verlegt werden. Sie kommen vor allem dort zum Einsatz, wo ein anspruchsvoller, strapazierfähiger Bodenbelag gefragt ist.

1 Laminatböden sind grundsätzlich mehrschichtig aufgebaut. Die **Deckschicht** (Overlay) besteht aus einer oder mehreren Lagen eines faserhaltigen Materials (z. B. Papier), die mit einem wärmehärtbaren Kunstharz, in der Regel Melaminharz, verpresst werden.

Die **Trägerplatte** besteht aus einem Holzwerkstoff, z. B. Spanplatte, mitteldichte oder hochdichte Faserplatte (MDF/HDF).

Die **Gegenzugschicht** dient wie beim Fertigparkett der zusätzlichen Stabilisierung. Sie kann aus einem Furnier oder einer weiteren harzverpressten Schicht bestehen. Leider gibt es gerade bei Laminatböden beträchtliche Qualitätsunterschiede, die äußerlich nur schwer bzw. nur vom Fachmann festzustellen sind. Viele Hersteller machen nur Angaben über die Beständigkeit gegen Abrieb, der in einem genormten Verfahren (Taber-Test) mittels eines Reibrades festgestellt und klassifiziert wird. Dabei wird die Anzahl der Umdrehungen gemessen, die erforderlich sind, bis ein Durchrieb des Dekors festzustellen ist (z. B. 7.000 Umdrehungen). Diese Beständigkeit gegen Abriebbeanspruchung ist jedoch nur eines von mehreren Kriterien für die Qualität eines Laminatbodens. Weitere prüfbare Qualitätsmerkmale sind die Widerstandsfähigkeit gegen Zigarettenglut 2, die Beständigkeit gegen Druck- und Stoßbeanspruchung 3, die Fleckenunempfindlichkeit 4, die Stuhlrolleneignung, die Lichtechtheit und Abhebefestigkeit der Deckschicht sowie die Maßhaltigkeit der Elemente 5 und ihre so genannte Dickenquellung unter Wassereinfluss.

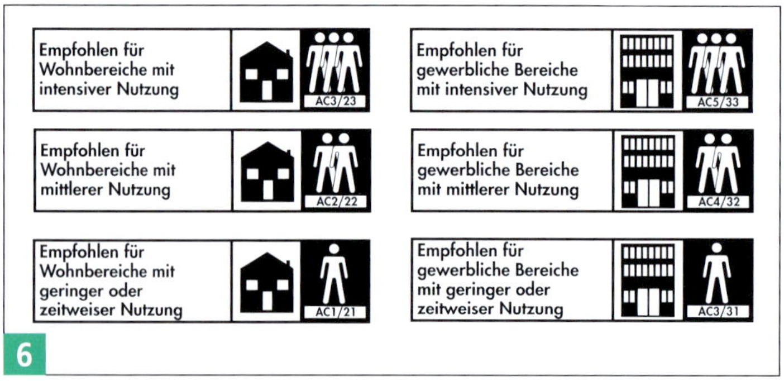

6

7

8

Die Anforderungen und das Prüfverfahren zu diesen Qualitätsmerkmalen regelt der europäische Normentwurf für Laminatboden (EN 13329).

6 Dieser Normentwurf enthält auch eine Unterteilung nach Beanspruchungsklassen mit den hier gezeigten Symbolen.

7 Das RAL-Gütezeichen für Laminatböden verleiht die Gütegemeinschaft Laminatfußboden e. V. Hier werden zusätzlich bestimmte Anforderungen an den Hersteller (eigene Produktion, Erfahrung in Produktion und Verlegung etc.) und die Herstellung (erhöhte Umweltanforderungen, Einsatz von Fachpersonal etc.) gestellt. Die Prüfbestimmungen schließen eine kontinuierliche Fremdüberwachung ein. Das RAL-Gütezeichen ist also ein wichtiges Kriterium für den Kauf Ihres Laminatbodens.

8 Laminatböden gibt es in vielen verschiedenen Holzdekoren, aber auch mit Stein- oder Fantasiedekoren.

PRAXISTIPP

Auch an Laminatböden geht natürlich die alltägliche Nutzung und Beanspruchung nicht spurlos vorbei. Es können kleine Schönheitsfehler entstehen, die sich aber beseitigen lassen. Schäden wie Kratzer, Druckstellen und Kerben lassen sich durch Auftragen von Reparaturpaste beheben.

Zubehör

1

3

5

2

4

Alle bisher vorgestellten Bodenbeläge müssen so verlegt werden, dass zu angrenzenden Wänden und zu Bauteilen, die den Belag unterbrechen, eine Bewegungsfuge – in der Regel 10 bis 15 mm breit – verbleibt. Diese Fuge muss nach dem Verlegen mit einer Fußleiste abgedeckt werden. Sie kann aus massivem Holz bestehen oder aus einem furnierten oder folierten Weichholz bzw. Holzwerkstoff. Klassische Parkettleisten sind 20 bis 23 mm breit und 40 bis 60 mm hoch und werden an die Wand genagelt oder gedübelt.

1 Komfortabler sind Systemleisten, die einfach auf zuvor angedübelte Clips aufgesteckt werden können. Für die Schnittstellen gibt es mitunter Abdeckkappen oder Formstücke für Innen- und Außenecken. Manche Hersteller bieten Fußleisten an, hinter denen man Elektrokabel oder sogar Heizungsrohre verlegen kann – letztere gibt es auch in Kunststoffausführung. Neben den klassischen Fußleisten sind eine Reihe von meist folienkaschierten Designleisten erhältlich, die ebenfalls bei Holz- und Laminatböden verwendet werden können – vorausgesetzt, sie überdecken die Dehnungsfuge.

2 Abschlussprofile umfassen mit einer flachen Auskragung den Belagrand und werden im Unterboden verdübelt oder verschraubt. Sie können ebenfalls an Wänden und anderen Belaggrenzen eingesetzt werden. Es gibt Ausführungen aus Massivholz und aus Metall. Letztere sind meist zweiteilig: Ein Grundprofil wird am Belagrand direkt auf der Unterkonstruktion befestigt, das Deckprofil wird dann aufgeschraubt oder einfach aufgesteckt.

3 Übergangsprofile – aus Holz oder Metall – kommen am Übergang zu einem gleich hohen Bodenbelag zum Einsatz. Sie greifen auf beiden Seiten über den jeweiligen Belagrand.

4 Anpassungsprofile verwendet man überall da, wo ein Niveauausgleich zwischen zwei Belägen geschaffen werden muss. Während bei Anpassungsprofilen aus Massivholz das Maß für die Höhendifferenz fest vorgegeben ist, bieten die zweiteiligen Profilkonstruktionen aus Metall (meist aus Aluminium) einen Toleranzbereich von einigen Millimetern.

5 Einige Hersteller bieten auch Treppenkantenprofile aus Holz an.

Bedarf ermitteln

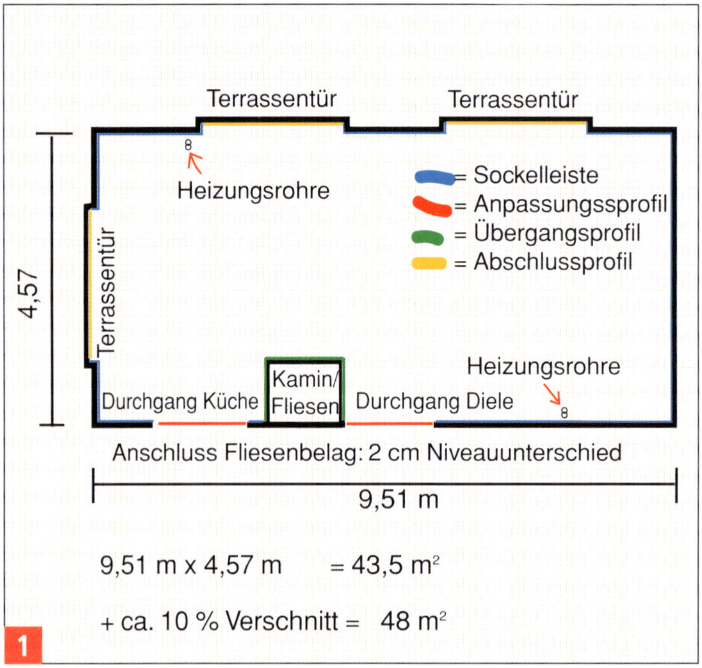

1

2

1 Damit Sie sich bei der Bedarfsermittlung nicht verrechnen und möglichst auch nichts vergessen, sollten Sie den Grundriss der Verlegefläche maßstäblich aufzeichnen. Berücksichtigen Sie dabei auch alle Besonderheiten des Raums wie Durchgänge, Heizungsrohre, Nischen, angrenzende Beläge etc.

Ermitteln Sie zunächst die Verlegefläche. In den meisten Fällen müssen Sie etwa10 Prozent Verschnitt hinzurechnen. Am besten fragen Sie dazu Ihren Fachhändler.

Wenn die Bodenelemente paketweise verpackt sind, wird nun die ermittelte Gesamtfläche durch die auf den Paketen vermerkte Deckfläche geteilt. So ergibt sich die Anzahl der erforderlichen Pakete. Bei schwimmender Verlegung ist meist eine Unterlage nötig. Anhand des Grundrisses und der Rollenbreite lässt sich die benötigte Gesamtlänge ermitteln.

Nun können Sie die Gesamtlänge der Sockelleisten errechnen. Auch hier sollten Sie mindestens 10 Prozent Verschnitt berücksichtigen. Auch die Profile für eventuelle Abschlüsse und Übergänge lassen sich mit der Grundrisszeichnung gut ermitteln.

Wird der Belag durch Heizungsrohre unterbrochen, sollten Sie außerdem noch so genannte Heizkörperrosetten besorgen.

Denken Sie beim Materialkauf auch an den erforderlichen Leim sowie gegebenenfalls an Kleber und Fugendichtmasse.

2 Um während des Verlegens Unterbrechungen zu vermeiden, sollten Sie das gesamte benötigte Material, das erforderliche Werkzeug und eventuell nötige Hilfsmittel vor Arbeitsbeginn zusammentragen und am besten nochmals überprüfen.

PRAXISTIPP

Die exakten Bodenmaße des Raumes, in dem Sie den Belag verlegen wollen, ermitteln Sie folgendermaßen: Messen Sie die maximale Raumbreite und -länge unter Berücksichtigung von Fensternischen, Erkern und Türöffnungen. Multiplizieren Sie die gemessenen Werte miteinander, so erhalten Sie die Verlegefläche.

Verlegeuntergrund prüfen

1

2

3

Holz- und Laminatböden können, wie bereits erläutert, auf verschiedenen Untergründen verlegt werden. Allerdings sind dabei einige Voraussetzungen zu prüfen.

1 Der Verlegeuntergrund darf nicht durchfeuchtet sein. Das gilt für Rohbetondecken und Estriche ebenso wie für Holzuntergründe.

Wenn Sie diesbezüglich noch Zweifel haben, sollten Sie einen Fachmann hinzuziehen. Wer ganz sicher gehen will, kann die Feuchte messen. Fragen Sie Ihren Fachhändler, ob er Ihnen ein entsprechendes Messgerät leiht.

PROFITIPP

Bei mineralischen Böden kann man die Feuchte prüfen, indem man über Nacht eine Glasscheibe auflegt. Zeigen sich am nächsten Tag Beschlag oder Tröpfchen, ist der Boden nicht verlegereif. Eine Dampfbremse ist bei mineralischen Untergründen auch unverzichtbar.

2 Die zweite wichtige Voraussetzung ist die absolute Ebenheit des Bodens. Legen Sie an verschiedenen Stellen eine möglichst lange Richtlatte auf und prüfen Sie, ob die Niveauschwankungen im Toleranzbereich von in der Regel maximal 4 mm auf einen Meter (Herstellerangaben beachten) liegen. Falls nicht, ist eine Nivellierung beispielsweise mit einer Spachtelmasse unerlässlich.

3 Besonders dann, wenn Ihr Bodenbelag vollflächig verklebt werden soll, muss die Haftfähigkeit des Untergrunds geprüft werden. Er darf nicht absanden und keine größeren Beschädigungen aufweisen. Gegebenenfalls ist er mit speziellen Grundierungen oder Reparaturspachtelmassen zu behandeln. Verschmutzungen sind in jedem Fall zu entfernen.

4 Bei alten Holzböden oder Verlegeplatten sollten Sie sicherstellen, dass der Belag keine losen oder knarrenden Stellen aufweist. Gegebenenfalls müssen diese festgeschraubt werden.

4

Alte Dielen liegen in der Regel auf Lagerhölzern oder Balken. Ihre Lage lässt sich durch Abklopfen mit dem Hammer in etwa lokalisieren.

Teppichböden sind nur als Verlegeuntergrund geeignet, wenn die Faserhöhe maximal 5 mm (keinesfalls mehr) beträgt und außerdem keine Fußbodenheizung im Einsatz ist. Der Teppichboden sollte vor dem Verlegen gründlich gereinigt und mit Packpapier ausgelegt werden.

Trittschalldämmung einbringen

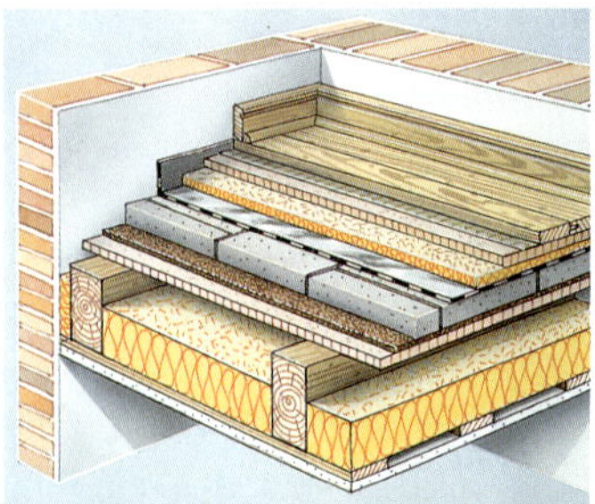

1 Dielen
2 Spanplatte/Rieselschutz (Papier)
3 Trittschalldämmung (Mineralwolle)
4 Dampfbremse (PE-Folie)
5 Beton-Gehwegplatten im Sandbett
6 Spanplatte
7 Hohlraumdämpfung

1

2

3

Da Holz- und Laminatböden keinen nennenswerten Beitrag zur Trittschalldämmung leisten, sollten Sie gegebenenfalls vor dem Verlegen den Bodenaufbau optimieren. Dies gilt vor allem für Holzbalkendecken, die grundsätzlich eine nur geringe Trittschalldämmung aufweisen.

1 Anders als beim Luftschall ist eine effiziente Trittschalldämmung nur durch das Einbringen schwerer Bauteile möglich. Ein schwimmender Estrich oder eine Schicht aus Beton-Gehwegplatten bringen hier weit mehr als viele Schichten Dämmstoffe. Allerdings ist dies nur bei erhöhten Anforderungen an den Trittschallschutz erforderlich.

2–3 Für durchschnittliche Bedürfnisse reicht bei Holzbalkendecken ein ganz normaler Trockenbodenaufbau. Dabei wird zunächst eine Trockenschüttung aufgebracht und mittels Richtlatte und zwei Lehren abschnittweise eben abgezogen.

4 Darauf verlegen Sie zur Lastverteilung eine dünne Holzfaser- oder Gipsplatte. Den Abschluss bilden dann Trockenbodenelemente aus Gips, die mit einem Stufenfalz ineinander greifen. Sie werden im Falzbereich verleimt und verschraubt.

4

Spachteln und Ausgleichen

1

3

2

Ein Trockenbodenaufbau mit einer Trockenschüttung ist ein gutes Verfahren, um Unebenheiten im Untergrund auszugleichen. Sogar auf dem Boden verlaufende Heizungsrohre etc. können so verdeckt werden. Der Nachteil des Trockenbodens liegt in der Aufbauhöhe. Besonders in Dachgeschoss und Keller sind die Räume oft ohnehin sehr niedrig. In einem solchen Fall ist eine Ausgleichsspachtelung die bessere Wahl.

1 Bei mineralischen Böden wird der Untergrund grundiert, größere Schadstellen vorgespachtelt.

2–3 Die angerührte Spachtelmasse wird anschließend portionsweise ausgegossen und mit einer Glättkelle gleichmäßig auf dem Untergrund verteilt. Die Masse verläuft von selbst zu einer ebenen Fläche. Holzuntergründe dürfen keine losen Elemente aufweisen – gegebenenfalls müssen diese festgeschraubt werden. Zur Haftvermittlung ist hier in jedem Fall der Auftrag einer Grundierung erforderlich. Danach verschließt man alle Fugen mit einer Reparaturspachtelmasse. Dann kann auch hier die Fließspachtelmasse aufgebracht und mit der Glättkelle verteilt werden.

Verlegefläche einteilen

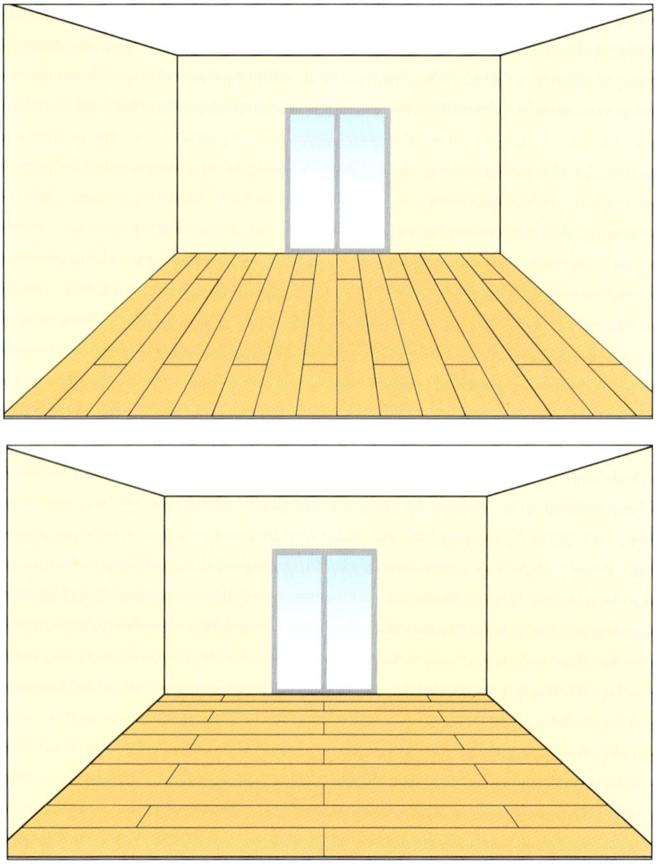

1

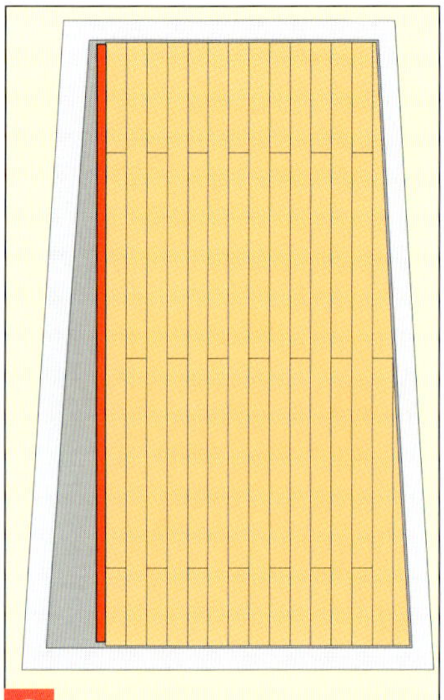

2

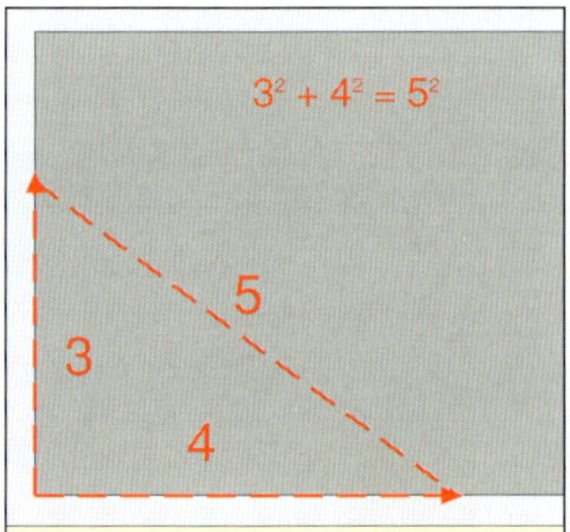

3

1 Für die Verlegerichtung gibt es keine festen Regeln, aber ein paar Grundsätze. In Längsrichtung verlegte Elemente lassen eine Raumachse länger wirken, quer verlegte Elemente verkürzen die Raumachse optisch. Grundsätzlich ist eine Verlegung längs zum Lichteinfall günstig. Auf einem alten Dielenboden sollte man die Elemente quer zum Altbelag ausrichten.

2 Bei schrägen Räumen wird mithilfe einer im Unterboden verdübelten Anschlaglatte ein rechter Winkel hergestellt. Ist der Boden in eine Richtung fertig verlegt, wird die Latte entfernt. Dann schieben Sie in die Nut der Anfangsreihe eine passende lose Feder, sodass die restliche Fläche mit der Feder voran ausgelegt werden kann.

3 Mit dem Satz des Pythagoras ($a^2 + b^2 = c^2$) lässt sich die Rechtwinkligkeit prüfen, wenn man die Zahlen 3, 4, 5 bzw. Vielfache davon in die Gleichung einsetzt. Tragen Sie auf einer Seite 3 x (also z. B. für x = 20 cm: 60 cm) auf der anderen 4 x (= 80 cm) ab und verbinden Sie die Endpunkte. Nur wenn die Diagonale 5 x (= 100 cm) beträgt, ist die Raumecke rechtwinklig.

Bodenelemente zuschneiden

1

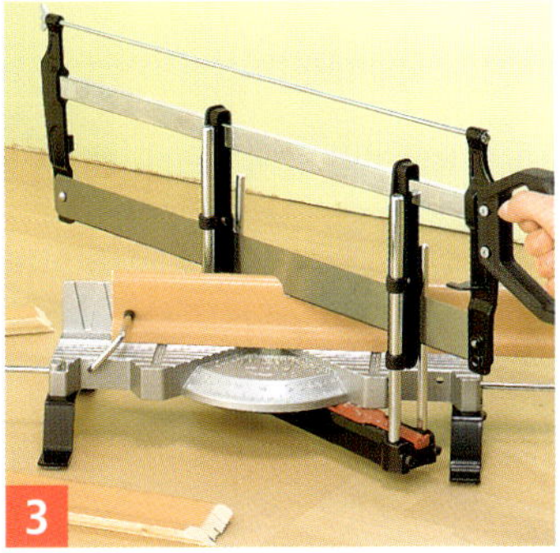
3

5

2

4

6

1 Die Stichsäge dient beim Zuschneiden von Holz und Laminatböden als Universalwerkzeug. Da die Belagränder später von einer Fußleiste überdeckt werden, kommt es beim Ablängen der Elemente nicht auf eine exakte Schnittführung an. Daher kann die Stichsäge dazu ebenso eingesetzt werden wie für Ausklinkungen oder zu den im Randbereich mitunter erforderlichen Längsschnitten.

2 Komfortabler und präziser lassen sich die Elemente allerdings mit einer elektrischen Kappsäge ablängen, die man im Fachhandel mieten kann.

PROFITIPP

Einen sauberen Schnitt ohne Ausrisse und Splitter erhalten Sie, wenn Sie den Sägeschuh der Stichsäge über die Rückseite der Parkettelemente führen. Für alle Sägen gilt grundsätzlich: Führen Sie die Säge immer so, dass die Zahnung beim Schnitt ins Holz eintaucht.

3 Die Grundausstattung für die bei den Fußleisten erforderlichen Gehrungsschnitte ist eine Feinsäge mit Gehrungslade. Präziser lässt sich mit einer einstellbaren Gehrungssäge arbeiten.

4 Runde Durchlässe für Heizungsrohre in Holz- oder Laminatelementen kann man recht einfach mit einem Lochsägeaufsatz für die Bohrmaschine fertigen.

5 Mitunter müssen Sie die Türzargen etwas kürzen, um die Bodenelemente unterschieben zu können. Für diese Arbeiten verwenden Sie am besten eine gekröpfte Feinsäge.

6 Zum Zuschneiden von Korkfliesen verwenden Sie ein Teppichmesser mit Trapezklinge, als Schneideunterlage können Sie den Rest einer Holz- oder Spanplatte nehmen.

Verlegetechniken

Grundregeln für die schwimmende Verlegung

Schwimmende Verlegung bedeutet, dass der Bodenbelag weder zum Unterboden noch zu den angrenzenden Bauteilen eine feste Verbindung hat. Bei Holz- und Laminatböden wird dies durch eine trittschalldämmende Zwischenlage und durch die Bewegungsfuge an den Belagrändern gewährleistet. Die Breite der Bewegungsfuge hängt vom verwendeten Material und der Größe der Fläche ab. Befolgen Sie hier die Herstellerempfehlungen.

1 Wie Sie den Unterboden vorbereiten müssen, wurde bereits auf den vorhergehenden Seiten erläutert. Auf diesem werden nun die einzelnen Nut-und-Feder-Elemente mittels Leim zu einer großen frei liegenden Platte zusammengesetzt. Der Leimauftrag erfolgt je nach Material der Trägerschicht vollsatt in die Nut, auf die obere Nutwange oder auf die Feder. In jedem Fall sollte der Leim beim Zusammensetzen der Elemente nach oben austreten. Nur so ist eine durchgehende Verleimung und damit auch Abdichtung der Stöße gewährleistet.

Beginnen Sie möglichst an einer geraden Wand. Zum **Ausrichten der ersten Reihe** benötigen Sie Keile oder Klötze als Abstandshalter für die Dehnungsfuge und zum Ausgleich kleinerer Wandunebenheiten.

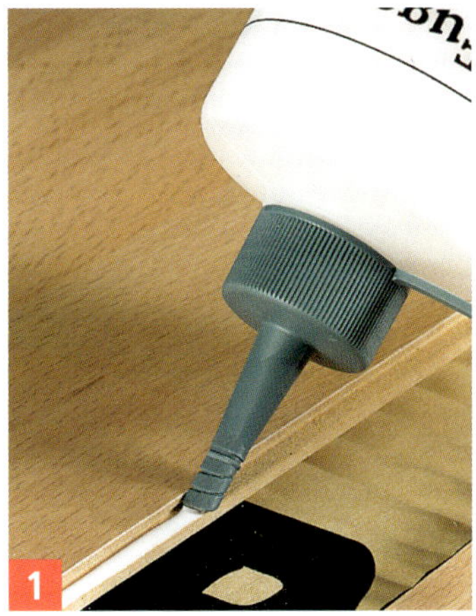
1

2

Um die Elemente möglichst fugenfrei ineinander zu treiben, verwenden Sie einen Schlagklotz. Er sollte mindestens 40 cm lang sein und aus Holz oder schlagfestem Kunststoff bestehen. In den Randbereichen ist zum Beiziehen der Elemente ein Zugeisen oder ein so genannter Kuhfuß erforderlich. Viele Händler bieten spezielle **Verlegehilfen** zum Kauf oder zur Miete an, die die Fugen fixieren oder sogar die Elemente miteinander verspannen.

2 Das einfachste Hilfsmittel zur Fixierung im Fugenbereich ist Klebeband mit einem Spezialabroller.

3 Darüber hinaus gibt es Spannsysteme, mit denen Sie die Leimfugen zusammenpressen können.

4 Ein besonders praktisches und effektives Hilfsmittel sind diese Verlegezwingen mit Saughaltern, die auch mitten im Belag eingesetzt werden können.

3

4

5

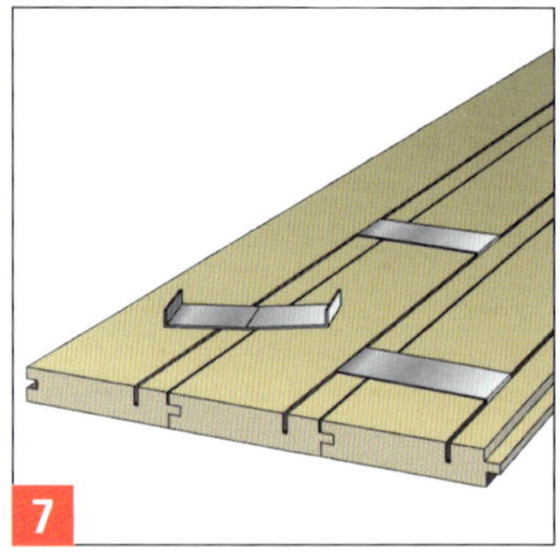
7

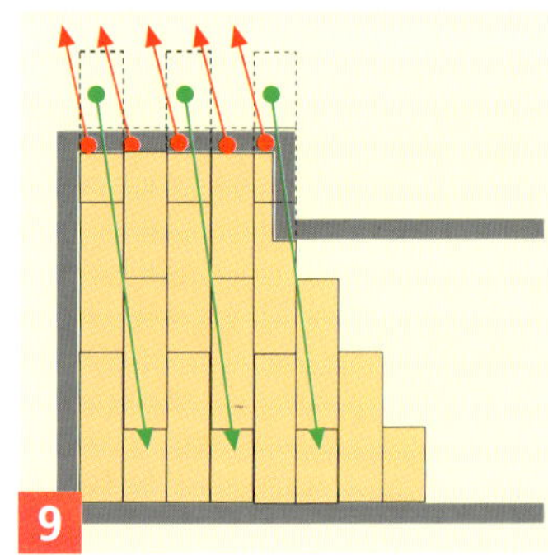
9

6

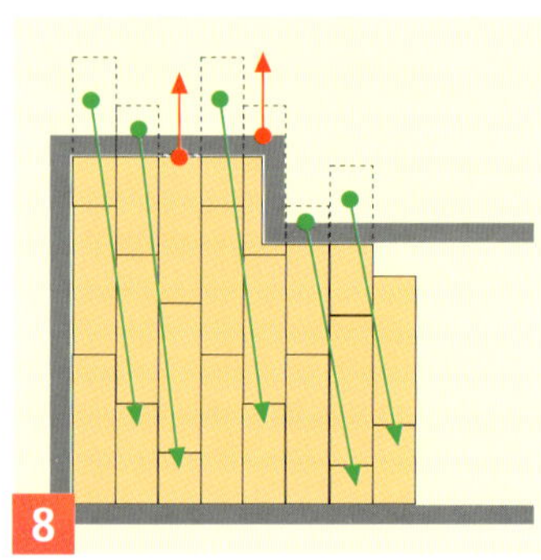
8

Schwimmende Verlegung mit Klammern

Aufgrund ihres bereits erläuterten größeren Bewegungsdrangs ist bei der schwimmenden Verlegung von Massivholzböden besondere Vorsicht angebracht.

5–7 Speziell für solche Produkte wurde eine Verlegetechnik entwickelt, bei der die Elemente auf der Unterseite von Metallklammern zusammengehalten werden. Verleimt werden hier nur die Stoßfugen. Dadurch bleiben die einzelnen Reihen jeweils für sich beweglich. Die Klammern setzt man beim Verlegen in Nuten auf der Unterseite der Dielen. Eine besondere Werkzeugausrüstung ist nicht erforderlich.

Verlegemuster bei schwimmender Verlegung

8 In der Regel werden Fertigparkett- und Laminatelemente im **endlosen Verband** verlegt: Das Endstück einer Reihe wird als Anfangsstück der nächsten Reihe verwendet. Bei dieser Verlegeart ist der Verschnitt am geringsten. Zwei Regeln sind jedoch zu beachten: Erstens darf das Reststück eine bestimmte Länge nicht unterschreiten und zweitens muss ein ausreichender Stoßfugenversatz gewährleistet sein. Beide Maße variieren je nach eingesetztem Produkt. Beachten Sie die Herstellerangaben.

9 Aus optischen Erwägungen wird mitunter auch ein **regelmäßiger Verband** gewünscht. Dabei haben die Anfangsbretter aufeinander folgender Reihen festgelegte Längen. Ein Beispiel zeigt die Grafik.

Auch eine diagonale Anordnung oder schräge Verlegung der oben genannten Verbände ist möglich. Die Vorgehensweise zeigt Abbildung 2 auf S. 22.

Erfahrung erfordert die Verlegung spezieller Muster oder mehrfarbiger Beläge, da hier Elemente mitunter so zugeschnitten werden müssen, dass die Anschlussnut bzw -feder nicht mehr vorhanden ist. In solchen Fällen muss mithilfe einer Oberfräse eine neue Nut angefräst werden. Stößt danach Nut an Nut, kann man lose Federn aus dem Holzfachhandel zum Einleimen verwenden.

Verlegung von Dielenböden

Beim klassischen Verfahren werden zunächst quer zur Verlegerichtung der Dielen **Lagerhölzer** ausgelegt und mit Hilfe von Holz- oder Kunststoffklötzen höhengleich ausgerichtet. Wie bereits erläutert, sollten die Lagerhölzer aus Gründen der Trittschalldämmung beidseitig mit Presskorkstreifen oder Ähnlichem versehen werden. Der Abstand der Lagerhölzer darf meist 50 cm nicht überschreiten. Zur **Hohlraumdämpfung** werden die Zwischenräume z. B. mit Mineralwolle gefüllt.

Die Montage der Dielen erfolgt mittels Nägeln oder besser Schrauben. Die erste Dielenreihe wird zunächst auf der Wandseite von oben auf die Lagerhölzer geschraubt. Dabei muss auch hier eine **Bewegungsfuge** von etwa 15 mm berücksichtigt werden. Auf der anderen Seite erfolgt dann die Verschraubung dieser und aller folgenden Reihen im 45°-Winkel durch die Feder. Verleimt werden bei dieser Verlegetechnik nur die Stoßfugen der Elemente. Zum Ineinandertreiben der einzelnen Dielen verwendet man auch hier Schlagholz und Zugeisen.

Wie Fertigparkett und Laminatböden können Dielenböden im endlosen oder im regelmäßigen Verband verlegt werden. Allerdings ist hierbei zusätzlich darauf zu achten, dass nicht zwei benachbarte Stoßfugen im gleichen Lagerholz-Zwischenraum aufeinander treffen. Muster- oder Diagonalverlegungen sind bei Dielen nicht üblich.

Dielen können ebenso auf **flächigen Untergründen** verschraubt werden – z. B. auf Fußbodenverlegeplatten aus Pressspan. Manche Hersteller bieten auch Massivholzdielen an, die schwimmend verlegt werden können.

Vollflächig geklebte Parkettbeläge

Die meisten Beläge, die für eine schwimmende Verlegung geeignet sind, können auch flächig verklebt werden. Die Verleimung in Nut und Feder entfällt dabei. Dieses Verfahren empfiehlt sich bei Fußbodenheizungen, da so die Wärmeleitung verbessert wird.

10 Der Klebeauftrag erfolgt in Teilflächen, die der Verlegegeschwindigkeit angepasst sein müssen. Beginnen Sie mit kleinen Flächen. Der Kleber wird mit einem Zahnspachtel (4-mm-Zahnung) in S-förmigen Bewegungen verteilt. Nach kurzer Ablüftzeit setzt man die Elemente bzw. Stäbe oder Tafeln auf, richtet sie aus und drückt sie ins Klebebett ein. Um einen festen Anhalt zu haben, kann man zunächst eine aus mehreren Elementen zusammengesetzte Anfangsfläche ins Kleberbett einlegen, beschweren und den Kleber antrocknen lassen.

10

Bei Belägen, die im Verband verlegt werden, gehen Sie ansonsten genauso vor wie bei der schwimmenden Verlegung.

Eine anspruchsvolle Arbeit, die einige Erfahrung erfordert, ist die diagonale Verlegung von Parketttafeln (z. B. Mosaikparkett) und die Verlegung von Fischgrät- und anderen Mustern mit einzelnen Parkettstäben. Dabei wird zunächst parallel zur Wand eine Schnur gespannt, an der man die Diagonalen der ersten Elemente ausrichtet.

Beim Fischgrätmuster sollte man mit der ersten Fischgrätdoppelreihe in der Mitte der Verlegefläche beginnen. Am besten richtet man zunächst ein aus mehreren vorverleimten Stäben bestehendes Anfangsstück an der in der Raummitte parallel zur Wand gespannten Schnur aus. Dann verlegt man die Doppelreihe auf beiden Seiten bis zur Wand. Anschließend wird links und rechts der Doppelreihe ebenfalls reihenweise weiterverlegt.

Oberflächenbehandlung und Pflege

1

Zur Oberflächenbehandlung von Holzböden gibt es mehrere Möglichkeiten. Man unterscheidet zwischen filmbildenden Versiegelungen, die auf der Holzoberfläche eine Schicht bilden, und Mitteln, die in die Holzoberfläche eindringen und diese imprägnieren.

1 Versiegelungen werden in mehreren Gängen mit einer Rolle oder einem Flächenstreicher aufgetragen. Am besten beginnen Sie dabei auf der Seite des Hauptlichteinfalls und arbeiten in Bahnen von maximal 1 m Breite quer zum Lichteinfall. Die zweite Schicht wird dann im rechten Winkel dazu aufgebracht. Eine dritte Beschichtung kann danach wieder in Richtung der ersten erfolgen.

Achten Sie während den Versiegelungsarbeiten vor allem auf ein gleichmäßiges Raumklima. Ideal sind etwa 20 °C und maximal 65 Prozent Luftfeuchtigkeit. Sorgen Sie für eine gute Belüftung – vor allem bei lösemittelhaltigen Anstrichmitteln. Direkten Zug sowie starke Sonneneinstrahlung sollten Sie allerdings vermeiden.

Für Böden, die verstärkt zur Fugenbildung neigen, wie beispielsweise Dielen oder Holzpflaster, sind Versiegelungen nur bedingt geeignet: Hier kann es mitunter zu sichtbaren Abrissfugen im Lackfilm kommen.

2 Bei einer Öl-Imprägnierung tragen Sie das Öl mit Streichbürste oder Roller auf. Nach kurzer Einwirkzeit muss überschüssiges Öl mit einem Gummiwischer abgezogen werden. Dann massieren Sie das Öl mit einem geeigneten Tuch oder Pad ein. Nach 24 Stunden wird dann mit Tuch oder Polierpad nachpoliert.

PROFITIPP

Beim Versiegeln des frisch geschliffenen Bodens kommt es in der Regel zum Aufquellen und Aufstellen der oberflächlichen Fasern. In diesem Fall ist zwischen erstem und zweitem Anstrich ein Zwischenschliff mit dem Schwingschleifer oder von Hand erforderlich; ideal ist eine Schleifkörnung von 120 oder feiner.
Den Effekt, dass sich die Fasern aufstellen, kann man meist dadurch vermeiden, dass man das Holz vor dem Erstauftrag wässert: Dabei befeuchten Sie die Oberfläche beispielsweise mit einem Deckenstreicher. Die nach dem Trocknen in die Höhe stehenden Fasern können so schon vor Beginn der Versiegelung weggeschliffen werden.

2

3

4

5

6

7

3 Für diese Arbeiten gibt es übrigens Spezialmaschinen, die Sie wie die Bodenschleifgeräte mieten können. Gerade bei größeren Flächen erleichtern sie die Arbeit erheblich.

4 Bei Korkböden kann das Öl auch mit einer Glättkelle verteilt werden.

5 Die Reinigung und Pflege von Holz- und Laminatböden ist sehr einfach, denn ein feuchtes Abwischen genügt. Als Wasserzusatz sollten Sie entsprechende Spezialreiniger verwenden – bei geölten Böden z. B. Holzbodenseife.

6 Zur Pflege lackierter Oberflächen gibt es Polituren, bei geölten Böden empfiehlt sich hin und wieder eine Behandlung mit Pflegeöl oder Wachs.

7 Für hartnäckige Verschmutzungen oder Streifen gibt es spezielle Intensivpflegemittel.

PRAXISTIPP

Sind lackierte Oberflächen mit der Zeit leicht verkratzt oder stumpf geworden, sonst aber noch intakt, so kann man die vorhandene Lackschicht mit feinem Schleifpapier leicht aufrauen und die Oberfläche mit einer weiteren Lackschicht versehen. Verwenden Sie dazu möglichst den gleichen Lack oder lassen Sie sich über dessen Verträglichkeit beraten.

Abschlüsse und Übergänge

Es gibt verschiedene Methoden, Fußleisten anzubringen. Die Standardmethode ist das direkte Verdübeln in der Wand. Damit die Fußleiste sich auch bei nicht ganz geraden Wänden gut anlegt, sollten Sie etwa alle 50 cm einen Dübel setzen. Bohren Sie zunächst mit einem Holzbohrer die einzelnen Löcher in die Fußleiste. Legen Sie dann die Leiste an und markieren Sie die Bohrstellen an der Wand. Die Schraubenköpfe bleiben bei dieser Methode allerdings sichtbar.

1 Eleganter und ohne sichtbare Schrauben können Sie Fußleisten mit solchen Kunststoffclips an die Wand bringen. Dabei werden zunächst die zu den Fußleisten passenden Clips an der Wand verdübelt. Auf diese können Sie dann die speziell profilierten Leisten einfach aufstecken.

2 Da am Belagrand umlaufend eine Bewegungsfuge einzuhalten ist, müssen in der Regel auch die Übergänge zu anderen Belägen abgedeckt werden. Hierzu gibt es Übergangsprofile aus Metall oder auch aus Holz. Sie bestehen meist aus einem Grundprofil, das im Boden verdübelt wird, und dem eigentlichen Abdeckprofil, das man nach dem Verlegen aufsteckt oder aufschraubt. Achten Sie bei der Montage des Grundprofils darauf, dass Sie eine ausreichende Fugenbreite einhalten.

3 Mit Anpassungsprofilen, die auf die gleiche Art montiert wer-

3

4

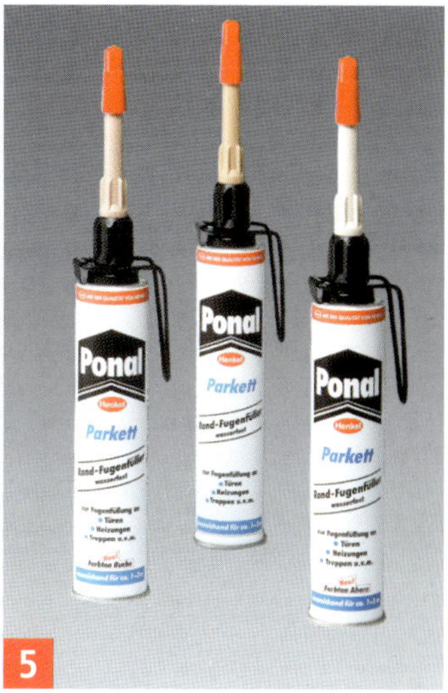

5

den, lassen sich die Höhenunterschiede zwischen Belägen elegant ausgleichen.

4 Für Anschlüsse an Bauteile, die nicht mit einer Fußleiste ausgeführt werden sollen oder können, gibt es geeignete Abschlussprofile. Stufenkanten können Sie mit speziellen Treppenkantenprofilen ausführen.

5 Eine Alternative zu Übergangs- und Abschlussprofilen ist das Ausspritzen der Fuge mit einem Dichtstoff aus der Kartusche.

Aber Achtung: Nicht jeder Dichtstoff ist für Holzverbindungen geeignet. Besondere Vorsicht ist bei Silikondichtstoffen geboten: Alle Flächen, die mit Silikon in Berührung kommen, nehmen keinen Lack bzw. kein Öl mehr an. Sicher gehen Sie jedoch mit einem Spezialprodukt für Parkettrandfugen.

Dielenboden verlegen

Eine kostengünstige Möglichkeit, den Wohnraum zu erweitern, ist der Dachgeschossausbau. Das Dachstudio mit Büroecke soll mit Massivholzdielen ausgelegt werden, weil ein Dielenboden zur Atmosphäre des ausgebauten Dachraums gut passt.

AUF EINEN BLICK

Material

Weichfaserdämmplatten, Holzspanverlegeplatten, Randdämmstreifen, Massivholzdielen, Fußleisten, Montageleim (D 3), Nägel oder Schrauben

Werkzeug

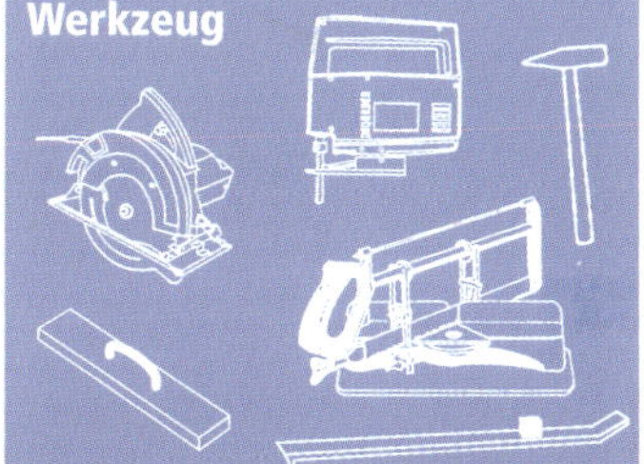

Schwierigkeitsgrad

0 1 2 3

Kraftaufwand

0 1 2 3

Arbeitszeit

Für einen 40 m² großen Raum brauchen Sie etwa 5 Tage.

Ersparnis

Bei 40 m² Verlegefläche sparen Sie rund 1.100 Euro.

Im vorliegenden Fall sind durch das Dämmen des Dachs und das Bekleiden der Wände und Schrägen rund 40 m² zusätzlicher Wohnraum entstanden. Dieser soll nun komplett mit Massivholzdielen ausgelegt werden, weil ein Dielenboden zur urigen Atmosphäre des liebevoll ausgebauten Dachraums besonders gut passt. Allerdings muss zuvor noch für eine Verbesserung der Trittschalldämmung gesorgt werden: Die lediglich mit Holzspanverlegeplatten abgedeckte Balkendecke des ehemaligen Dachbodens überträgt jeden Schritt fast ungedämmt ins Erdgeschoss.

Das Aufbringen eines Estrichs ist in diesem Fall aus statischen Gründen nicht möglich. Wenn man zudem keine allzu großen Ansprüche an den Schallschutz stellt, kann man den Trittschall mithilfe einer Zwischenlage aus Weichfaserdämmplatten auf ein erträgliches Maß reduzieren.

1 Die Schallentkopplung zu allen angrenzenden Bauteilen wird zunächst durch Mineralwolle-Randdämmstreifen sichergestellt, die man passend zuschneidet und aufstellt.

Vor dem Ausbau

2 Danach legen Sie den Boden mit Weichfaserdämmplatten aus, die zum einen aufgrund ihrer Druckfestigkeit die Lasten des Bodenaufbaus tragen können, zum anderen durch ihre faserige Struktur eine Trittschallübertragung beträchtlich reduzieren. Vermeiden Sie beim Verlegen Kreuzfugen.

3 Danach wird der Unterboden mit einer weiteren Lage Holzspanverlegeplatten komplettiert. Diese „schwimmen" auf der Dämmschicht und werden lediglich in Nut und Feder verleimt. Bringen Sie den Leim am besten oberhalb und unterhalb der Feder auf. Auch diese Platten verlegt man im Verband, das heißt unbedingt ohne Kreuzfugen.

4 Hier sehen Sie den Aufbau des Bodens im Überblick: eine Sandwichkonstruktion aus Holzspanplatten mit dazwischenliegender Dämmung, darauf der Oberbelag aus Massivholzdielen.

5

6

7

PROFITIPP

Um nachträgliches Schwinden oder Quellen des Bodenbelags zu vermeiden, sollte man die Dielen vor dem Verlegen einige Tage im Verlegeraum lagern; so können sie sich akklimatisieren, das heißt sich der Raumtemperatur und Luftfeuchtigkeit anpassen.

5 Die ab Werk wohnfertig behandelten Massivholzdielen besitzen umlaufend Nut und Feder, sodass sie sich beim Verlegen automatisch zu einer fugenfreien Bodenplatte mit ebener Oberfläche fügen. Eine Verleimung erfolgt nur an den Stirnseiten. Die Dielen werden im unregelmäßigen Verband verlegt, sodass nur geringer Verschnitt entsteht: Das Reststück einer Reihe wird jeweils als Anfangsstück der nächsten benutzt. Allerdings müssen Sie auf ausreichenden Versatz der Kopffugen achten.

6 Die erste Dielenreihe wird ausgerichtet und zuerst auf der Wandseite randnah auf die Spanplatten genagelt. Dann setzt man eine zweite Reihe Nägel im Winkel von 45° und im Abstand von jeweils etwa 50 cm durch die obere Federnecke.

7 Beim Einsenken der Köpfe ist ein solcher Versenkstift hilfreich.

8 Zum Zusammentreiben der Dielen kann man einen Schlagklotz oder auch ein Dielenreststück verwenden. Weitere Details zur Dielen- und Fußleistenverlegung finden Sie auf den folgenden Seiten.

9 Wenn Ihr Dielenboden werkseitig noch nicht versiegelt ist, muss er nach dem Verlegen noch geschliffen und oberflächenbehandelt werden. Dies kann durch Versiegelung mit einem Speziallack oder durch die Behandlung mit einem Holzöl erfolgen.

8

9

Dielenboden auf Lagerhölzern

Wer neu baut, muss in der Regel mit spitzem Bleistift rechnen – und hochwertige Böden aus Holz sind ein relativ teurer Bodenbelag. Bei der Entscheidung für Massivholzdielen kann man jedoch die Mehrkosten wettmachen: Weil sie auf Lagerhölzern verlegt werden, kann der Estrich entfallen.

AUF EINEN BLICK

Material

Lagerhölzer, Rollenkork, PE-Folie, Nivellierklötze, Klebeband, Mineralwolle-Platten, wohnfertig endbehandelte Massivholzdielen, Montageleim (D3), Spanplattenschrauben, Aluminium-Profile, Fußleisten, Dübel.

Werkzeug

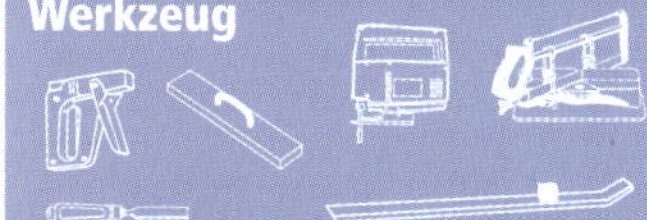

Schwierigkeitsgrad

0 1 2 3

Kraftaufwand

0 1 2 3

Arbeitszeit

Für einen 40 m² großen Raum brauchen Sie etwa 4 Tage.

Ersparnis

Bei einem 40 m² großen Raum sparen Sie rund 1.500 Euro.

Wenn es um Holz im Neubau geht, ist eines der Hauptprobleme die Baufeuchtigkeit. So darf der Holzboden in jedem Fall erst verlegt werden, wenn die Betondecke trocken ist und feuchtigkeitsintensive Arbeiten wie das Verputzen abgeschlossen sind. Auch die Lagerhölzer dürfen maximal 17 Prozent Holzfeuchte aufweisen. Am besten überprüfen Sie diesen Wert mit einem Messgerät.

Die Lagerhölzer werden den Raumabmessungen entsprechend und quer zur Verlegerichtung der Dielen abgelängt und zunächst provisorisch ausgelegt. Aussparungen für Heizungsrohre etc. bringt man mit Hammer und Stechbeitel ein.

Diese Arbeit können Sie für sich vereinfachen, wenn Sie den auszustemmenden Bereich vorher mit der Handkreissäge mehrfach einschneiden.

1 Die Lagerhölzer erhalten beidseitig eine Trittschalldämmung. Dazu eignet sich Rollenkork. Die

Feuchtemessung

Aussparung anbringen

1

2

3

4

5

6

7

8

einzelnen Streifen kann man mit Hilfe eines Fuchsschwanzes von der Korkrolle abschneiden.

PRAXISTIPP

Um die Lagerhölzer beidseitig mit einer Dämmung zu versehen, eignen sich auch Dämmstreifen aus Rippenpappe, Spezialschaumstoff oder Filz, die ebenfalls als Rollenware erhältlich sind. Die Streifen werden einfach von der Rolle abgeschnitten.

2 Die 2 mm dicken Korkstreifen befestigen Sie mit Tackernadeln auf den Lagerhölzern.

3 Bei der Verlegung von Holzböden auf mineralischen Untergründen ist grundsätzlich eine Dampfsperre empfehlenswert: Die PE-Folie wird in überlappenden Bahnen auf der Betondecke ausgelegt.

4 Nun legen Sie die Lagerhölzer auf. Bei den hier verwendeten, 21 mm dicken und 121 mm breiten Massivholzdielen darf der Lagerholzabstand maximal 50 cm betragen. Das erste und das letzte Holz möglichst randnah setzen.

5 Den Höhenausgleich der Lagerhölzer können Sie sich erleichtern, wenn Sie an mehreren Messpunkten einen so genannten Meterriss anzeichnen: Bestimmen Sie die Oberkante des fertigen

9

Fußbodens und messen Sie von diesem Punkt 1 m nach oben. Mit Hilfe der Schlauchwaage kann diese Höhenmarkierung nun im Verlegeraum übertragen werden. Die einzelnen Messpunkte setzt man so über einigen Lagerholzreihen, dass die dazwischenliegenden Reihen später mit der Richtlatte überbrückt werden können.

6 Jetzt bringt man diese Bezugshölzer mit Hilfe des Meterrisses exakt auf Höhe. Danach kann man die dazwischenliegenden Reihen mittels Richtlatte justieren.

7 Das Justieren erfolgt durch Unterlegen von Klötzen – z. B. aus Restholz. Besser geht es mit den hier verwendeten Kunststoffklötzen, die es in verschiedenen, farbig markierten Dicken gibt. Man befestigt sie mit Klebeband.

8 Seit kurzem gibt es ein Justiersystem mit verstellbaren Füßen, mit dem der Höhenausgleich noch

10

einfacher und schneller möglich ist, und das zugleich den Trittschallschutz verbessert. Diese „catstep"-Füße werden in vorgebohrte Löcher auf der Unterseite der Lagerhölzer eingeschlagen und durch Drehen auf Höhe eingestellt.

9 Nach dem Justieren füllt man die Lagerholzzwischenräume mit Dämmmaterial – z. B. mit Mineralwolle. Zwischen Dämmstoff und Oberkante Lagerholz ist auf einen Hinterlüftungsraum von mindestens 5 mm zu achten.

10 Die erste Dielenreihe wird nun mit etwa 15 mm Abstand zur Wand ausgerichtet und auf der Wandseite möglichst randnah auf die Lagerhölzer geschraubt.

11 Die Dielen verleimt man – wie auch bei der schwimmenden Verlegung – nur an den Stirnseiten. Dabei gibt man den Leim auf die obere Nutwange.

11

12

13

PROFITIPP

Zum Leimen verwenden Sie Holzleim, auch Weißleim genannt. Dabei handelt es sich um einen Dispersionskleber, der bei der Verarbeitung gesundheitlich weit unbedenklicher ist als lösemittelhaltiger Kleber. Für die Verleimung der Parkettelemente wird so genannter D3-Leim verwendet.

12 Die weitere Verschraubung erfolgt bei der ersten Reihe wie bei allen folgenden Dielen durch die Feder: Über jedem Lagerholz wird jeweils eine Schraube im 45°-Winkel durch die Federnecke geschraubt. Damit der Schraubenkopf sich völlig einsenkt, sollten Sie vorbohren.

13 Damit keine Fuge zwischen den Dielen bleibt, kann man sie – falls erforderlich – beim Anschrauben mit einem Stechbeitel beiziehen.

14 Das Zusammenfügen der Dielen erfolgt mit dem Schlagklotz.

15 Im Randbereich verwendet man dazu ein Zug- und Schlageisen. Das Passstück am Ende einer Reihe muss in der Regel zugeschnitten werden. Die verbleibende Restdiele dient als Anfangsstück für die nächste Reihe. Bei dieser Verlegeweise im endlosen oder unregelmäßigen Verband entsteht kaum Verschnitt. Allerdings müssen Sie darauf achten, dass der Versatz zwischen zwei Stoßfugen mindestens 30 cm beträgt und dass sich zwei nebeneinander liegende Stoßfugen nicht im gleichen Lagerholzzwischenraum befinden.

16 Die letzte Dielenreihe muss meist in der Breite angepasst werden. Zum Anreißen der Schnittlinie legt man die Diele bündig auf die vorletzte Dielenreihe, dann richtet man darauf eine zweite, als Anreißhilfe fungierende Diele exakt auf den richtigen Wandabstand aus. Der Vorteil dieser Methode besteht darin, dass die letzte Reihe auch bei nicht genau rechtwinkligen Räumen dem Wandverlauf folgt.

Den Zuschnitt können Sie mit der Stichsäge vornehmen: Leichte Ungenauigkeiten spielen hier keine Rolle, da die Schnittkante später ohnehin von der Fußleiste überdeckt wird.

17 Belagabschlüsse oder Übergänge zu anderen Bodenbelägen kann man mit Metallprofilen herstellen.

18 Zum Zuschnitt der Fußleisten benötigt man eine präzise einstellbare Gehrungssäge.

19 Die Fußleisten werden in der Wand verdübelt. Leistenstöße an der Wand führt man als Gehrung (also im 45°-Winkel) aus. So fallen sie weniger auf.

14

15

16

17

18

19

Fertigparkett verlegen

Das Schlafzimmer soll einen neuen Bodenbelag erhalten. Sie haben sich für Fertigparkett entschieden. Wie Sie eventuelle Probleme mit dem Untergrund meistern, zeigt Ihnen folgende Arbeitsanleitung.

AUF EINEN BLICK

Material

Randdämmstreifen, PE-Folie, Rollenkork o. Ä., Klebeband, Fertigparkettdielen mit Nut und Feder zur schwimmenden Verlegung, Fußleisten, Abschluss- und Übergangsprofile, Montageleim (D3), Fugendichtmasse.

Werkzeug

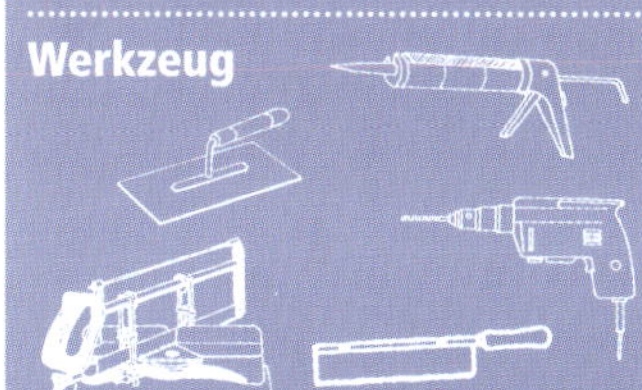

Schwierigkeitsgrad

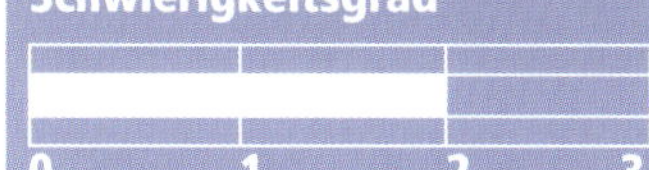

Kraftaufwand

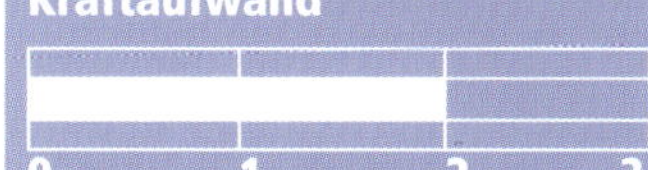

Arbeitszeit

Für einen 20 m² großen Raum brauchen Sie etwa 3 bis 4 Tage.

Ersparnis

Bei einem 20 m² großen Raum sparen Sie für Niveauausgleich und Verlegung rund 700 Euro.

Nach dem Entfernen des alten Teppichbodens stellte sich heraus, dass der Estrich zu große Niveauunterschiede für die Parkettverlegung aufweist: Bei der Kontrolle mit der Richtlatte ergaben sich Toleranzen von über 5 mm auf 2 m Messstrecke. So muss man also zunächst einmal für einen ebenen Untergrund sorgen.

Relativ einfach geht dies mit einer Fließspachtelmasse, die es für verschiedene Schichtdicken gibt. Hier wurde ein Spachtelprodukt für 2 bis 20 mm Schichtdicke eingesetzt.

1 Zur Vermeidung von Schallbrücken werden als Erstes alle angrenzenden Bauteile mit einem Randdämmstreifen versehen.

2 Dann rührt man die Spachtelmasse portionsweise an und schüttet sie von einer Zimmerecke ausgehend auf den Untergrund.

3 Mit der Glättkelle verzieht man das Material abschnittweise auf die gewünschte Schichtdicke. Die Masse verläuft von selbst zu einer ebenen Oberfläche.

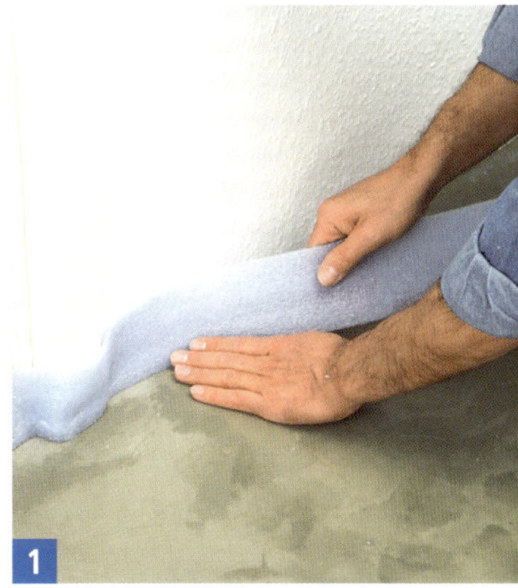
1

2

3

4

6

8

5

7

9

Bevor man auf der nun ebenen Oberfläche mit dem Verlegen beginnen kann, muss die Fließspachtelmasse völlig durchgetrocknet sein, damit die kammergetrockneten Parkettdielen nach dem Verlegen nicht durch Feuchteeinfluss quellen. Beachten Sie hierbei unbedingt die Herstellerangaben.

4 Als zusätzliche Sicherheit gegen Feuchteeinwirkung von unten sollte man mineralische Untergründe grundsätzlich mit einer PE-Folie von mindestens 0,2 mm Dicke abdecken. Die Folie wird in einzelnen Bahnen ausgelegt, deren Stöße mindestens 20 cm überlappen müssen. Sichern Sie die Überlappung mittels Klebeband.

5 Auf der Folie wird nun eine Unterlage verlegt: Rippenpappe, Schaumfolie oder Rollenkork eignen sich hierzu.

6 Die Bahnen werden parallel zur Verlegerichtung ausgerollt. Die Stöße fixiert man wieder mittels Klebestreifen.

7 Beginnen Sie mit der Verlegung der Parkettdielen möglichst in einer rechtwinkligen Raumecke. Die erste Dielenreihe sollten Sie so verlegen, dass die Nutseite zur Wand zeigt. Bei einer schwimmenden Verlegung muss rund um die Belagfläche eine Dehnungs-

10

11

12

fuge von 15 mm berücksichtigt werden. Diese sichert man durch das Einstecken von Keilen oder Klötzchen.

8 Die Verlegung der ersten Reihe erfolgt zunächst ohne Verleimen. Beim gebräuchlichsten Verlegemuster – dem endlosen Verband – wird das Passstück am Ende der Reihe einfach aus einer Diele passend abgeschnitten. Das jeweilige Reststück wird dann als Anfangsstück der nächsten Reihe verwendet. Die Länge des Passstücks können Sie ausmessen oder einfach übertragen: Drehen Sie die Diele um 180°, sodass die Anschlussseite zur Wand zeigt und reißen Sie mithilfe eines Anschlagwinkels die Schnittlinie an. Dielenzuschnitte müssen eine bestimmte Mindestlänge haben, die je nach Produkt und Hersteller variieren kann. Beachten Sie hier in jedem Fall die beiliegenden Verlegehinweise. Sollte das ausgemessene Reststück nicht mehr der Mindestlänge entsprechen, muss die erste Diele der Reihe gekürzt werden. Den Zuschnitt mit Kapp-, Handkreis- oder Stichsäge so ausführen, dass die Sägezähne beim Schnitt in die Sichtseite eintauchen: Sägen Sie mit der Stichsäge von unten, mit Kapp- oder Kreissäge von oben.

9 Wenn die erste Reihe komplett ist, können Sie die Dielen an den Stirnenden verleimen: Der Leim wird bei Fertigparkett grundsätzlich auf die obere Nutwange aufgetragen. Dazu dreht man die Parkettdiele am besten mit der Sichtseite nach unten, sodass Sie die Leimflasche exakt führen und den Leimauftrag sehen können.

PRAXISTIPP

Achten Sie darauf, dass der Leim beim Zusammenfügen an der Oberseite nicht herausquillt. Sollte dies dennoch einmal passieren, so ist der Leim sofort mit einem mäßig feuchten Lappen abzuwischen.

10 Das letzte Dielenstück wird mit dem Zugeisen eingepasst. Richten Sie nun die Dielenreihe nochmals exakt aus und setzen Sie zum Fixieren die Keile ein.

11 Nun kann die zweite Dielenreihe verlegt werden. Beim Leimauftrag auf den Längsseiten gehen Sie genauso vor wie oben beschrieben. Beim Zusammenfügen mit Hilfe des Schlagklotzes soll der Leim in der Fuge austreten. Er muss möglichst sofort mit einem feuchten Tuch weggewischt werden.

12 Bei der letzten Dielenreihe kann man den Schlagklotz nicht einsetzen. Hier erfolgt das Zusammenfügen wieder mithilfe des Zugeisens. In den meisten Fällen wird die letzte Dielenreihe nicht exakt passen und muss in Längs-

richtung zugeschnitten werden. Auch diesen Schnitt können Sie mit einer Stichsäge ausführen. Es spielt keine Rolle, wenn der Schnittverlauf nicht ganz gerade ist, da die Bewegungsfuge später ohnehin von der Fußleiste überdeckt wird.

13 Die Verkeilung sollte man erst entfernen, wenn der Leim getrocknet ist. Warten Sie mindestens zwei Stunden.

14 Die Verlegung in der Fläche geht in der Regel recht schnell voran. Leider stößt man in den meisten Räumen aber auf einige Hindernisse, deren fachgerechte Einbindung etwas Zeit kostet. Ein Beispiel sind die Türzargen. Falls möglich sollten Sie sie mit Hilfe eines Dielenreststücks und einer Handsäge so kürzen, dass die Diele sich unterschieben lässt. Auch hier müssen Sie an die Bewegungsfuge denken: Schieben Sie die Diele nur so weit ein, dass ausreichend Luft bleibt. In der Regel muss die Diele in diesem Bereich ausgeklinkt werden. Die Ausklinkung wird auf der Diele angerissen und möglichst exakt mit der Stichsäge ausgeschnitten.

15 Einen ansprechenden Abschluss im Zargenbereich kann man mit einem speziellen Dichtmittel aus der Kartusche herstellen.

16 Wenn der Belag nach einigen Stunden begehbar ist, wird die Fußleiste montiert. Grundsätzlich können Sie hierzu neben den traditionellen Parkettleisten auch andere Zierleisten einsetzen. Sie sollten an ihrem unteren Ende aber wenigstens 20 mm breit sein, damit sie die Bewegungsfuge überdecken. Im hier gezeigten Fall wurden Fußleisten verwendet, die man auf spezielle Klammern aufdrücken kann: Die Klammern werden im Abstand von etwa 50 cm in der Wand verdübelt.

17 Einen fachgerechten Belagabschluss – z. B. in der Türlaibung – können Sie auch mit einem Übergangs-, Anpassungs- oder Abschlussprofil ausführen.

18 Um die Oberfläche des neuen Belags zu schonen, sollten Sie unter allen Möbeln Filzgleiter anbringen.

PROFITIPP

Bei der Befestigung der Fußleisten, die zur Überdeckung der Ränder der Verlegeflächen und zum Schutz der Wand dienen, sollten Sie Folgendes beachten: Bedenken Sie bei der Anbringung der Fußleisten über Dehnungsfugen, dass hierdurch das Arbeiten des Parkettbodens nicht behindert wird. Fußleisten sollten in den Ecken außerdem auf Gehrung (45°) geschnitten werden. Zur Vermeidung von Verschmutzungen werden bei unbehandelten Fußleisten Beize, Lacke, Versiegelungen und Anstriche am besten vor der Befestigung aufgetragen.

16

17

18

Fertigholzboden verlegen

AUF EINEN BLICK

Material

OSB-Fertigholzboden mit Nut und Feder zur schwimmenden Verlegung, Klebeband, Fußleisten, Abschluss- und Übergangsprofile, Montageleim (D3).

Werkzeug

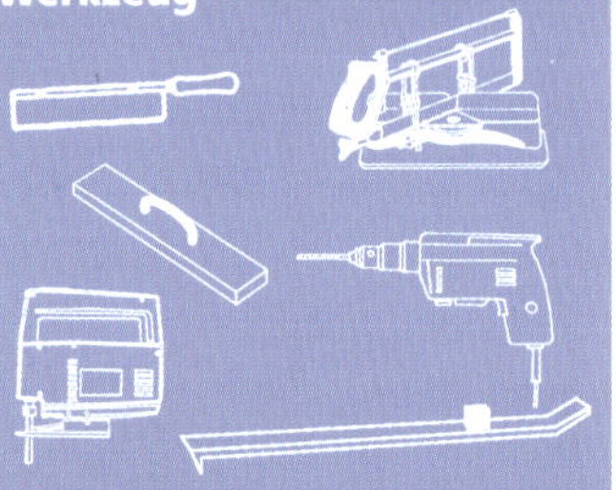

Schwierigkeitsgrad

0 1 2 3

Kraftaufwand

0 1 2 3

Arbeitszeit

Für einen 20 m^2 großen Raum brauchen Sie etwa 2 Tage.

Ersparnis

Bei einem 20 m^2 großen Raum sparen Sie für Niveauausgleich und Verlegung rund 400 Euro.

Durch den Richtungswechsel und den farbigen Kontrast entsteht hier ein interessanter Bodenbelag, der die Blicke auf sich zieht. Allerdings sollte man bei einem derartigen Bodenbelag mit der Möblierung sparsam sein.

OSB-Platten – ursprünglich als Werkstoff für konstruktive Aufgaben entwickelt – haben aufgrund ihres ästhetisch ansprechenden Oberflächenbilds längst auch im dekorativen Bereich Boden gut gemacht – im wahrsten Sinn des Wortes.

3

Inzwischen bietet der Handel Fertigholzböden aus diesem Werkstoff, deren rundum mit Nut und Feder versehene Elemente genau wie Fertigparkettelemente verlegt werden können. Diese Fertigholzböden aus OSB sind unbehandelt und wohnfertig versiegelt in verschiedenen Einfärbungen erhältlich. Da sie deutlich preiswerter sind als massive oder schichtverleimte Holzböden, stellen sie eine Alternative gerade auch für Funktionsräume im Wohnbereich dar: Büro, Werkstatt, Hobbyraum.

1 Die Verlegung der Elemente kann wie auch bei Fertigparkett im unregelmäßigen Verband erfolgen. Es gelten hierfür die gleichen Verlegeregeln (vgl. S. 42ff.). Sehr effektvoll sind Kombinationen aus zwei Farben.

2 Eine Besonderheit der hier eingesetzten Elemente liegt darin, dass sie mit 30 x 60 cm genau doppelt so lang wie breit sind: So können die Elemente auch würfelförmig verlegt werden, was besonders bei Farbmustern Ihrer Kreativität ganz neue Möglichkeiten eröffnet.

3 Hier wurde immer ein Streifen quer und ein Streifen längs verlegt.

4 Mit farbigen Streifen wurde bei diesem Beispiel eine Nutzungsachse des Raums bewusst betont.

1

2

4

Korkparkett verlegen

Nicht nur fürs Kinderzimmer ist Kork der ideale Bodenbelag. Denn Kork ist physiologisch wärmer als Holz, dämmt außerdem den Schall besser und ist noch trittelastischer.

AUF EINEN BLICK

Material

PE-Folie, Schaumfolie o. Ä., Korkparkett mit Nut und Feder zur schwimmenden Verlegung, Zierleisten, gegebenenfalls Abschluss- und Übergangsprofile, Montageleim (D3).

Werkzeug

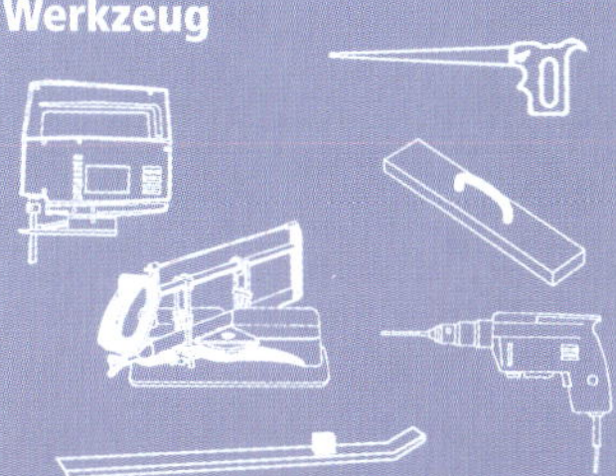

Schwierigkeitsgrad

Kraftaufwand

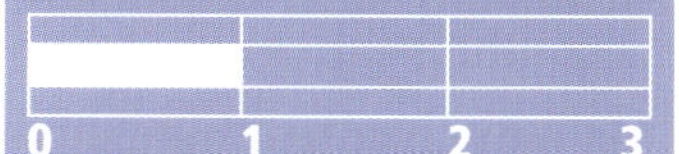

Arbeitszeit

Für einen 20 m² großen Raum brauchen Sie etwa 2 Tage.

Ersparnis

Bei einem 20 m² großen Raum sparen Sie rund 400 Euro.

Nicht umsonst liegt dieses Material, das in nachhaltigem Abbau aus der Rinde der Korkeiche gewonnen wird, auch im restlichen Wohnbereich als Bodenbelag voll im Trend.

Bis vor einigen Jahren konnte man Bodenbeläge aus Kork allerdings nur in Form von Presskorkplatten erwerben, die vollflächig auf den Untergrund geklebt werden mussten. Mit der Entwicklung des Korkfertigparketts gibt es eine hochwertigere und verlegefreundlichere Alternative, die ohne großen Werkzeugaufwand auch von einem Laien verarbeitet werden kann. Auch das Korkparkett gibt es in wohnfertig versiegelter oder gewachster Ausführung, sodass kein Schleifen und Versiegeln erforderlich ist. Und wenn Sie den Korkboden in häuslichen Feuchträumen einsetzen wollen, reicht eine einfache Nachversiegelung mit Wasserlack.

Verlegewerkzeuge

1

2

3

4

5

6

7

1 Am besten ermitteln Sie vor dem Verlegen die Raummaße und teilen Sie durch Länge bzw. Breite der Korkparkettelemente: Aus dem jeweiligen Rest ergibt sich die Länge des Passstücks der ersten Reihe und die Breite der letzten Reihe. Falls das Passstück zu kurz würde, kann man die erste Diele entsprechend kürzen; ist die letzte Reihe zu schmal, kann man durch Zuschnitt der Dielen in der ersten Reihe für Ausgleich sorgen.

2 Als Unterlage wird eine 2 mm dicke Schaumstofffolie ausgerollt. Die einzelnen Bahnen verlegt man auf Stoß in Verlegerichtung und verbindet sie untereinander mit Klebestreifen.

3 Die erste Diele wird mithilfe von Keilen so ausgerichtet, dass zu den angrenzenden Wänden eine etwa 10 mm breite Dehnungsfuge verbleibt (je nach Raumgröße auch mehr).

4 Nun messen Sie das Passstück nochmals exakt aus – berücksichtigen Sie auch hier die Dehnungsfuge. Der Zuschnitt kann mit Stichsäge oder Fuchsschwanz erfolgen.

5 Auch bei den Korkparkettelementen wird der Leim jeweils auf die obere Nutwange gegeben. Jede einzelne Reihe muss nach dem Einpassen des letzten Elements mit einem Holzkeil verspannt werden, damit der für die Leimverbindung erforderliche Anpressdruck gewährleistet ist.

6 So arbeiten Sie sich Reihe für Reihe durch die Verlegefläche. Das Reststück einer Reihe wird wie üblich als Anfangsstück für die nächste Reihe verwendet, wobei die Stoßfugen allerdings jeweils um mindestens 30 cm versetzt sein sollten. Die letzte Reihe wird durch Längsschnitt angepasst und mit Hilfe eines Hebelwerkzeugs eingeschoben. Das mit Nut und Feder ausgestattete Trägermaterial des 3 mm dicken Korkfurniers besteht aus MDF. Dadurch sind besonders maßgenaue Profilierungen möglich, was sich beim leichtgängigen Zusammenschieben der Elemente beweist: Das Schlagholz ist hier nicht immer nötig.

7 Die Fußleiste muss nicht aus den traditionellen Parkettleisten bestehen – die es übrigens auch mit Korkfurnier gibt. Hier wurde eine 12 mm dicke, grau lackierte Zierleiste für den Belagabschluss verwendet.

8 Die Nutzschicht ist hier aus einzelnen Korkfurnierstücken zusammengesetzt. Es gibt auch Oberflächen aus Presskork.

9 Akzente kann man auch durch werkseitig farbig behandelte Elemente setzen, die Sie natürlich auch kombinieren können.

10 Die klassische Korkplatte ist durch feinkörniges Granulat bestimmt und einseitig fein geschliffen. Die Verwendung verschiedener Granulatsorten, Körnungen und Rindenfarben ermöglicht ganz unterschiedliche Oberflächenstrukturen und interessante Effekte.

PROFITIPP

Die Fußleiste muss immer so bemessen werden, dass eine ausreichende Überdeckung der Dehnungsfuge auf der ganzen Länge gewährleistet ist. Großflächige Leisten brauchen übrigens nicht genagelt oder verdübelt zu werden: Sie können auch einfach mit Montagekleber befestigt werden, den man in einem wellenförmigen Wulst aufträgt.

Laminatboden verlegen

In Ihrer Wohnung ist der Bodenbelag stark abgenutzt und dringend renovierungsbedürftig. Ein dekorativer Laminatboden soll nun für neuen Glanz sorgen.

AUF EINEN BLICK

Material

Laminatelemente mit Nut und Feder zur schwimmenden Verlegung, Klebeband, 10-mm-Spanplatte, Fußleisten, Treppenabschluss- und Übergangsprofile, Montageleim (D3), Parkettkleber, Fugendichtmasse.

Werkzeug

Schwierigkeitsgrad

0 1 2 3

Kraftaufwand

0 1 2 3

Arbeitszeit

Für einen 50 m² großen Raum brauchen Sie etwa 3 bis 4 Tage.

Ersparnis

Bei einem 50 m² großen Raum sparen Sie rund 1.000 Euro.

Im hier gezeigten Fall weist der Raum ein Hindernis auf, das eine Sonderbehandlung erfordert: Treppenstufen, die Wohn- und Essplatz verbinden.

Was Sie bei der Laminatverlegung beachten müssen und wie Sie dieses „Stufenproblem" meistern können, sehen Sie auf den folgenden Seiten.

Im Prinzip unterscheidet sich die Verlegung eines Laminatbodens kaum von der Verarbeitung von Fertigparkett. Auch hier werden die einzelnen Dielen auf einer trittschalldämmenden und ausgleichenden Zwischenlage schwimmend verlegt, das heißt nur in Nut und Feder verleimt.

Solange kein Muster aus zwei oder mehreren Dekoren ins Spiel kommt, verlegt man auch hier im unregelmäßigen Verband. Da im vorliegenden Fall (siehe Abb. unten) ein kurzfloriger und eben verlegter Teppichboden vorhanden ist, kann auf die Zwischenlage verzichtet werden.

Fußboden und Treppenstufen sollen einen Laminatbelag erhalten

1

2

3

Lediglich beim Verleimen gibt es graduelle Unterschiede zwischen Fertigparkett und Laminatböden: Da die Fugen bei Laminat aufgrund des Trägermaterials in besonderer Weise vor dem Eindringen von Feuchtigkeit geschützt werden müssen, gibt man den Leim hier großzügig auf die Feder und die obere Stirnseite.

1 Der Leim soll beim Zusammenpressen der Elemente über die ganze Länge der Nut gleichmäßig austreten. Nur dann ist gewährleistet, dass die Stirnseiten der Elemente vollflächig verleimt sind. Den Leimüberschuss entfernt man sofort und restlos mit einem feuchten Tuch.

2 Da Leim sich nicht als Füllstoff eignet – seine Klebefestigkeit lässt dann rapide nach – ist der Anpressdruck entscheidend für die Haltbarkeit der Leimverbindung. Wenn Sie nicht über spezielle Verlegezwingen verfügen, sollten Sie die verleimten Elemente gleich nach dem Anpressen mit Klebeband zusammenhalten.

PRAXISTIPP

Zur Handhabung von Zug- und Schlageisen stellen Sie sich dazu auf die bereits verlegte Dielenfläche und schlagen Sie vorsichtig. Um die Stöße auch von der Dehnungsfuge her zusammenfügen zu können, verwenden Sie das Zugeisen oder ein anderes als Hebel einsetzbares Werkzeug.

3 Auch aus optischen Gründen sollen natürlich keine Fugen im Belag bleiben. Handhaben Sie das Zug- und Schlageisen jedoch mit wohl dosierter Kraft: Zu viel Gewalt kann bereits verlegte Elemente wieder auseinander treiben.

4 Holzkeile und Zulagen sorgen überdies für Anpressdruck auf die Kopfstöße.

5 Auf die Stufenflächen der betonierten Treppe werden zunächst dünne Spanplattenzu-

4

5

6

7

8

9

schnitte als homogener Unterbau für die weiteren Verlegearbeiten gedübelt.

6 Auf die Spanplatten schraubt man nun spezielle Treppenabschlussprofile. Diese können mit einem Metallsägeblatt auf der Gehrungssäge exakt zugeschnitten werden.

7 Im Treppenbereich verklebt man den Laminatboden vollflächig. Der Parkettkleber wird mit einem Zahnspachtel aufgetragen.

Dazu eignet sich ein Zahnspachtel mit einer 4-mm-Zahnung. Beachten Sie die vom Hersteller angegebene Ablüftzeit, bevor Sie das Bodenelement in das Kleberbett einbringen.

8 Nun kann man das zugeschnittene Laminatelement auflegen und andrücken.

9 Da die Spanplatte an der senkrechten Stufenfläche hier so zugeschnitten wurde, dass unten eine Fuge offen bleibt, kann anschließend das hintere Passstück mühelos eingeschoben werden.

10 Durch das farbliche Absetzen der Treppenstufen mit weißen Laminatelementen wird die Raumgliederung akzentuiert. Damit die obere Stufe die gleiche Breite hat wie die untere, muss man die erste

10

11

12

Laminatreihe auf das entsprechende Maß zuschneiden.

PRAXISTIPP

Um die Elemente zusammenzufügen, müssen Sie nicht unbedingt ein spezielles Schlagholz verwenden. Stattdessen können Sie auch ein Kantholzstück oder ein Dielenreststück verwenden. Wichtig ist nur, dass Sie mit dem Hammer niemals direkt auf die Bodenelemente schlagen, da es sonst zu Beschädigungen an der Elementoberfläche kommen kann. In diesem Fall muss das Element ausgetauscht werden.

11 Beim Zusammenfügen der Elemente wird mit Hilfe des Schlagholzes immer erst die Längsseite eingeschlagen, dann die Stirnseite. Auch hierbei sollten Sie mit wohl dosierten Hammerschlägen arbeiten und keinesfalls Gewalt anwenden.

12 Nun beklebt man auch die senkrechten Flächen mit Laminat. Die Eckverbindung der Laminatelemente an der unteren Stellstufe wurde auf Gehrung ausgeführt.

Die 45°-Gehrungsschnitte lassen sich am besten mit einer entsprechend einstellbaren Handkreissäge herstellen.

13 Zum Schluss verkeilt man die Konstruktion mithilfe von kleinen Klötzchen so, dass bis zum Austrocknen des Klebers nichts verrutschen kann.

14 Anders als bei Holzzargen ist das Kürzen einer Stahlzarge wie im vorliegenden Fall nicht möglich. Hier muss das Laminatelement passend ausgeklinkt werden. Ein Laminatreststück fungiert dabei als Parallelanreißer. Legen Sie das zuzuschneidende Element einige Millimeter zur Wand hin versetzt (Dehnungsfuge!) auf die vorletzte Reihe und übertragen Sie dann mithilfe des Reststücks die Kontur der Türzarge.

13

14

15

16

17

18

15 Die Ausklinkung kann nun ohne jede Messarbeit passgenau mit der Stichsäge hergestellt werden. Die verbleibende Fuge im Zargenbereich wird später mit einer speziellen Fugenmasse aus der Kartusche ausgespritzt.

16 Wie immer benötigen Sie zum Einfügen der letzten Reihe das Zug- und Schlageisen. Wenn die Fuge geschlossen ist, wird der Boden bis zum Trocknen des Leims verkeilt – am besten entfernen Sie die Keile erst am nächsten Tag.

17–18 Der Übergang zu einem angrenzenden Fliesenbelag darf ebenfalls nicht ohne Dehnungsfuge erfolgen. Die Fuge kann entweder dauerelastisch ausgespritzt oder mit einem Übergangsprofil überdeckt werden. Das hier verwendete Profil hat auf seiner Unterseite eine Führung, in die man die Einschlagdübel einschiebt.

PROFITIPP

Um Beschädigungen am Laminatboden, die im Laufe der Zeit auch bei größter Sorgfalt nicht ausbleiben werden, ausbessern zu können, gibt es spezielle Reparaturpasten, die auf das jeweilige Laminatdekor abgestimmt sind. Am besten erwerben Sie diese Paste zugleich mit dem Kauf des Laminats, um sie im Bedarfsfall gleich zur Hand zu haben.

Parkettboden kleben

AUF EINEN BLICK

Material

Parkettstäbe, Parkettkleber, Holzleim, Fußleisten, Schleifmittel für Parkettschleifmaschinen, Parkettsiegel.

Werkzeug

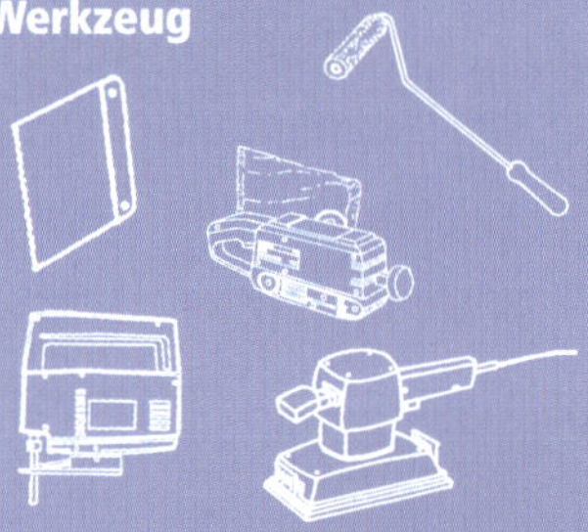

Schwierigkeitsgrad

0 1 2 3

Kraftaufwand

0 1 2 3

Arbeitszeit

Für einen 20 m^2 großen Raum brauchen Sie mit Schleifen und Versiegeln etwa 7 Tage.

Ersparnis

Bei einer 60 m^2 großen Wohnung sparen Sie rund 900 Euro.

Beim Verkleben von Parkettböden gehen Sie in Teilflächen vor, deren Größe Ihrer Verlegegeschwindigkeit angepasst ist.

Wenn die baulichen Voraussetzungen stimmen, ist das Kleben von Parkettstäben oder Mosaikparkett auch in Eigenleistung möglich.

3

1 Die Trockenheit, Oberflächenfestigkeit und vor allem Ebenheit des Untergrunds muss sorgfältig geprüft werden. Maximale Niveautoleranzen sind 4 mm auf 1 m Messstrecke.

2 Der Kleber muss für den Untergrund geeignet sein. Verwenden Sie einen möglichst lösemittelfreien Kleber auf Dispersionsbasis.

3 Das Kleberbett wird abschnittweise vollflächig aufgezogen und mit dem Zahnspachtel durchgekämmt. Dann legt man den Parkettstab ein und drückt ihn an. Vor allem die Belagsränder können bis zum Abbinden des Klebers beschwert werden, um ein Auswandern zu vermeiden.

4 Beginnen Sie mit dem Verlegen in einer Raumecke. Sehr hilfreich ist es, zunächst ein Anfangsstück aus mehreren Stäben herzustellen. Dazu werden die Stäbe mit der Oberfräse genutet und dann mittels Hartholzfedern verleimt.

Auch beim Verkleben ist eine Dehnungsfuge erforderlich, die mit Keilen oder Klötzen gesichert wird. Kontrollieren Sie ständig die Ausrichtung der Stabreihen mittels Schnur und Richtlatte. Beim regelmäßigen Verband müssen die Kopffugen in einer Linie verlaufen.

5 Nach dem Verlegen wird der Belag, falls er nicht oberflächenbehandelt ist, geschliffen und mit einem Versiegelungsmittel behandelt.

1

4

2

5

Schäden reparieren

AUF EINEN BLICK

Material

Lackstift, Reparaturpaste für Holz oder Laminat, Hartwachsstangen, 2-Komponenten-Kittmaterial, Parkettpflegemittel, Nitroverdünnung.

Werkzeug

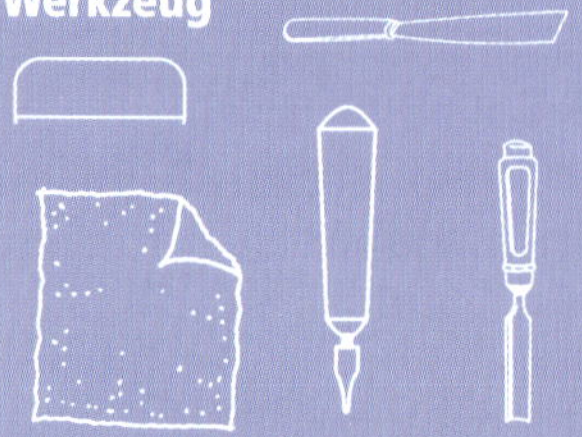

Schwierigkeitsgrad

0 1 2 3

Kraftaufwand

0 1 2 3

Arbeitszeit

Die Arbeitszeit richtet sich nach Größe und Umfang der Schäden.

Ersparnis

Die Ausbesserung von Kleinschäden durch Profis ist meist recht teuer, weil sie auf Stundenbasis ausgeführt wird. Eine Handwerkerstunde kostet – mit regionalen Unterschieden – derzeit um die 35 Euro.

1 Zur schnellen Behebung von Schäden in der Holzoberfläche kann man eine transparente Reparaturmasse verwenden.

1

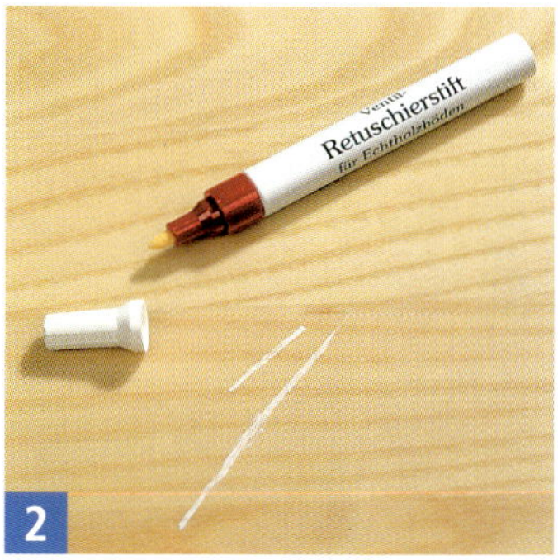

2

3

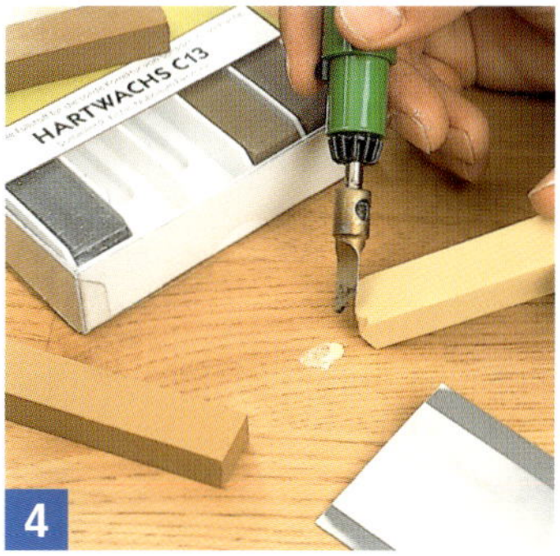

4

5

6

2 Für kleine Kratzer gibt es auch farblich passende Lackstifte.

3 Manche Hersteller bieten Reparaturpasten zum Auftragen an, die überdies genau auf die verschiedenen Laminatdekore abgestimmt sind.

4 Druckstellen und Kerben kann man mit Hartwachs reparieren. Zunächst schabt man Lack und lose Teile mit einem Stechbeitel aus. Dann legt man zwei Hartwachsstangen bereit, wovon die eine einem helleren, die andere einem eher dunkleren Farbton der Holzmaserung gleichen sollte. Das Wachs wird von der Spitze des Schmelzgeräts in die Schadstelle eingetropft, beginnend mit dem helleren Wachs, und dann immer abwechselnd, sodass die Farbtöne sich verteilen und mischen. Die Schadstelle soll 1 bis 2 mm überfüllt werden.

Nach etwa einer Minute können Sie das Hartwachs mit einer Ziehklinge vorsichtig plan abziehen. Mit der Nitroverdünnung werden anschließend die Wachsreste von der Lackoberfläche entfernt. Zum Schluss poliert man die Stelle mit einem Lackpflegemittel.

5 Ganz ähnlich verfahren Sie bei Kratzern: Auch hier wird in die von losen Teilen und Lackresten befreite Schadstelle abwechselnd ein helleres und dunkleres Hartwachs eingetropft. Die weitere Behandlung erfolgt wie oben erläutert.

6 Bei großflächigeren Beschädigungen empfiehlt sich die Verwendung eines Zwei-Komponenten-Kitts: Nach dem Ausschaben der Schadstelle wird die gut durchgemischte Masse mit dem Kunststoffspachtel in die Schadstelle gedrückt und sofort mit der Ziehklinge plan abgezogen. Falls das Kittmaterial beim Aushärten schrumpft, wiederholt man den Vorgang. Zum Schluss mit Pflegemittel polieren.

Abbildungsverzeichnis

Die nachstehend aufgeführten Firmen und Personen haben Bildmaterial zur Verfügung gestellt. Da sie damit zur Gestaltung dieses Buches beigetragen haben, möchten wir ihnen für die freundliche Unterstützung danken.

Arbeitsgemeinschaft Holz e. V.,
Pf. 300141, 40401 Düsseldorf,
0211/ 478180:
S. 7, S. 9 (1), S. 20 (1)

Bona GmbH,
Jahnstr. 12, 65549 Limburg/Lahn,
0800/2662832:
S. 28, S. 29 (1), S. 61

Bosch Elektrowerkzeuge,
Pf. 100156,
70745 Leinfelden-Echterdingen,
0180/3335799:
S. 23 (1)

W. Brügmann & Sohn GmbH,
Kanalstr. 80, 44147 Dortmund,
0231/9986-0: S. 6 (1)

Cortex Kork-Vertriebs GmbH,
Am Schallerseck 32,
90765 Fürth:
S. 13 (1), S. 53 (1)

M. Direktor: S. 23 (6)

Gütegemeinschaft Laminatfußboden e. V.,
Mittelstr. 50, 33602 Bielefeld,
0521/1369760: S. 16 (1)

Hamberger Industriewerke GmbH (Haro), Postfach 100353,
83008 Rosenheim,
08031/700-0:
S. 8, S. 9 (2), S. 10, S. 11 (2), S. 15 (1), S. 17 (1), S. 27 (1), S. 63 (3)

Henkel ACD,
Henkelstr. 67, 40191 Düsseldorf,
0211/7978272:
S. 31 (1), S. 43

Junckers Parkett GmbH,
Postfach 140342,
40073 Düsseldorf,
0211/961430:
S. 6 (1), S. 10 (1), 11 (1), S. 12 (1), S. 26 (2)

Knauf Bauprodukte,
Postfach 10, 97343 Iphofen,
09323/31451:
S. 19 (2), S. 20 (1, 2), S. 21 (3)

Kosche GmbH,
Bövingen 100, 53804 Much,
02245/660-0:
S. 18 (1), S. 54–59

Eugen Lägler GmbH,
Industriegebiet Kappelrain,
74363 Güglingen-Frauenzimmern,
07135/9890-0:
S. 7

Emil Lux GmbH & Co. KG,
Emil-Lux-Str. 1,
42929 Wermelskirchen,
02196/764000:
S. 23 (1)

Carl Ed. Meyer GmbH,
Berner Str. 55,
27751 Delmenhorst,
0800/2225675: S. 50–53

Osmo Ostermann & Scheiwe GmbH & Co., Hafenweg 31,
48155 Münster, 0251/692-0:
S. 4, S. 6 (1), S. 13 (2), S. 14 (2), S. 15 (1), S. 25 (2), S. 26 (1), S. 29 (3), S. 32–36, S. 38 (2)

Parador Holzwerke GmbH & Co. KG, Erlenweg 106, 48653 Coesfeld, 02541/736-0: S. 14 (1), S. 15 (3), S. 16 (12), S. 25 (1), S. 29 (1), S. 30–31, S. 62, S. 63 (2)

RÆ Redaktionsbüro,
Hauptstr. 73, 66482 Zweibrücken,
06332/904400:
S. 9 (2), S. 18 (1), S. 19 (2),
S. 22 (4), S. 23 (3), S. 26 (2),
S. 37, S. 38 (6), S. 39–41, S. 60

spek Design,
Schopenhauer Str. 39,
70565 Stuttgart,
0711/745431-30: S. 48

Holzwerk Otger Terhürne,
Ramsdorfer Str. 5, 46354 Südlohn,
02862/ 701165:
S. 11 (1), S. 12, S. 13 (1), S. 17 (4),
S. 24, S. 25 (1), S. 29 (1), S. 42–47

ZEG Stuttgart,
Schwieberdinger Str. 28,
70435 Suttgart, 0711/13666-0:
S. 48–49